Giacomo Debenedetti · Am 16. Oktober 1943

Bücher des 9. November – »wider die Vergessenheit«

Giacomo Debenedetti

Am 16. Oktober 1943
Eine Chronik

Acht Juden
Eine Polemik

Mit einem Vorwort
von Alberto Moravia

Aus dem Italienischen
übersetzt von
Lieselotte Kittenberger

Im Verlag Das Arsenal

Die italienischen Originalausgaben erschienen unter den Titeln
»16 ottobre 1943« und »Otto Ebrei« 1961 bei Il Saggiatore in Rom.

»Beinahe achtzehnhundert Jahre sind nun verflossen, seitdem dieser Bogen errichtet ward, und nichts blieb von jenem weltbeherrschenden Rom übrig als Trümmer, Staub und nicht mehr dem Leben angehörende Symbole des alten Kultus. Wer nun vom Titusbogen nach dem Tiberfluß hinuntergeht . . ., erblickt hie und da an bewohnten Häusern den siebenarmigen Leuchter in die Wand gemeißelt. Es ist dasselbe Bild, wie er es eben am Triumphbogen sah, doch lebt es hier noch als ein lebendiges Symbol . . . Wenn man die Synagoge der Hebräer betritt, sieht man auf ihren Wänden dieselben Skulpturen der Bundeslade, den goldenen Tisch des Tempels, die Jubeljahrstrompete. Ein noch dauerndes und unvertilgtes Judenvolk betet also unter diesen Bildern seiner einst von Titus nach Rom geführten Tempelgefäße zu dem alten Jehovah von Jerusalem. Er war demnach mächtiger als der kapitolinische Zeus.«

Ferdinand Gregorovius, Der Ghetto und die Juden in Rom, 1853

1938 machte sich die Absurdität, an der es unter Diktaturen niemals fehlt, durch die sogenannten Rassengesetze entschieden in meinem Leben bemerkbar. Mein Vater war Jude, meine Mutter nicht, wir Kinder waren getauft. Als Kinder eines jüdischen Vaters und einer *arischen* Mutter, dazu noch getauft, waren wir gewissermaßen freigesprochen aus Mangel an Beweisen; freigesprochen vom Verbrechen, das Herrenvolk geschmäht zu haben, durch die bloße Tatsache der Geburt.

Damit nicht genug. Die Absurdität wollte, daß mein Bruder als Leutnant der Pioniere in Afrika drei Jahre später auf eine Mine trat und somit für einen Krieg starb, der aus keinem anderen Grund begonnen worden war, als eben diese Absurdität der ganzen Welt ein für allemal aufzuzwingen. Auch damit nicht genug. Wiederum die Absurdität war der Grund, warum meine Mutter die notwendigen Schritte unternahm, unseren jüdischen Namen gegen einen *arischen* zu tauschen, den meiner Großmutter mütterlicherseits. Auf meinen Einspruch entgegnete sie mit gesundem Menschenverstand, unter den gegebenen Umständen sei ein Name so gut wie ein anderer.

Doch weiterhin verdächtig, erhielt ich schließlich das Verbot, in den Zeitungen mit meinem Namen zu zeichnen. Da entschied ich mich für das durchsichtige Pseudonym »Pseudo«. Ich will damit nur sagen, daß aus Gründen, die jeweils mit dem Faschismus zu tun haben, meine Identität in jenen Jahren von Tag zu Tag ungewisser, problematischer, flüchtiger wurde.

Der Faschismus fiel, es folgte die Regierung Badoglio, ich schrieb für die von Corrado Alvaro herausgegebene *Popolo*. Dann kamen am 8. September Faschisten und Nazis zurück; zu diesem

Zeitpunkt begann ich zu spüren, daß die Absurdität, nachdem sie uns lange Zeit eine ungewisse Vorhölle gewesen war, jetzt zur Hölle wurde. Mit anderen Worten, ich lernte die Angst derer kennen, die unter einem Terrorregime leben und aus irgendeinem Grund dessen Anforderungen nicht entsprechen oder zu entsprechen glauben. Ich entsprach den Anforderungen in keinem Punkt, sei es bezüglich der Rasse, der Politik, der Kultur: ich konnte nicht einfach einen arischen Großvater erfinden, ich konnte nicht an den Faschismus glauben, und schließlich konnte ich nicht anders schreiben als ich schrieb. Ich war und blieb *andersartig*.

An einem jener Tage traf ich morgens auf der Piazza di Spagna einen ausländischen Reporter, Mitglied des internationalen Presseclubs, der mir anvertraute, daß mein Name auf einer Liste von Personen stünde, die demnächst festgenommen und nach Deutschland deportiert werden sollten. Ich kehrte sofort nach Hause zurück und sagte meiner Frau, wir müßten so schnell wie möglich fort.

Während ich das Nötigste für unsere Flucht in einen Koffer packe, schrillt das Telephon. Ich nehme den Hörer ab und höre eine nicht gerade liebenswürdige Stimme fragen: »Spreche ich mit dem Verräter Moravia?« Als *Andersartiger* war ich in wenigen Tagen zum *Verräter* geworden. Was wiederum seine Richtigkeit hatte.

Es interessiert hier nicht, wie ich davongekommen bin. Was ich hingegen versuchen will zu erklären, ist das Wesen des immer tieferen und quälenderen Angstgefühls, das ich in jenen Tagen empfand. Wie bereits festgestellt, befällt es Personen, die unter einem Terrorregime leben und wissen oder doch befürchten, daß sie den Anforderungen nicht entsprechen.

Aber worin besteht nun der Terror? Ich meine – zumindest im Licht jener fernen Erfahrung – im Versagen der Institutionen, auf die unsere Identität gegründet ist, und in der schmerzlichen und beschwerlichen Ablösung dieser Identität durch den anonymen und undifferenzierten Überlebenstrieb. Ich fühlte mich wie ein Tier in der Falle; und als solches war ich nicht mehr Person, Individuum, Mensch, sondern ein Klumpen bedrohtes Leben.

Hätte ich Zeit und Lust zur Reflexion gehabt, ich hätte bestimmt in dieser Reduktion meiner Identität auf ein bloßes biologisches Faktum eine erzwungene Regression auf den Naturzustand gesehen. Denn in der Natur ist der Terror das Normale.

Der Mensch hat versucht, den Naturzustand des Terrors durch die Schaffung von Institutionen auszuschalten. Das Versagen der Institutionen ruft die Absurdität hervor, die ihrerseits den ungläubigen und entsetzten Menschen in den naturhaften Terror seiner Frühzeit zurückversetzt.

Warum beginne ich das Vorwort zu Giacomo Debenedettis *Am 16. Oktober 1943* mit dieser autobiographischen Bemerkung? Weil mir in dem Moment, da ich von dem Bericht über die Judenrazzia der Nazis in Rom sprechen will, bewußt wird, daß es unredlich wäre zu unterschlagen, daß auch ich den Zusammenbruch der Institutionen, den Verlust der Identität und einen – wenn auch kurzen – Rückfall in den Naturzustand erlebt habe.

Jetzt die Objektivität des unbeteiligten Kritikers zu heucheln, wäre gleichsam ein Verrat an jenen Unglücklichen, die Kapplers SS-Trupp an jenem fernen Oktobermorgen festnahm, um sie in den Tod zu schicken, der in den Krematorien der Vernichtungslager auf sie wartete.

Giacomo Debenedettis Geschichte ist die zugleich mitfühlende und sachliche Chronik jenes gräßlichen Vormittags. Doch über ihre literarische Beschaffenheit bedarf es der Verständigung. In der »Vorbemerkung« zur italienischen Ausgabe von 1959 wird in bezug auf *Am 16. Oktober 1943* Manzonis *Schandsäule* und Defoes *Pest in London* erwähnt. Der Vergleich trägt vor allem, was den Stoff anbelangt. Analog zu Defoe und Manzoni beschreibt

Debenedetti die unvorhergesehene und unvorhersehbare Heimsuchung einer Kommune. Die Pest, bei Defoe und Manzoni substantiell, wird bei Debenedetti ideologisch. Die Ähnlichkeit von Krankheit und Ideologie – beide ungemein ansteckend, so daß sie schnell um sich greifen – hat sich ja mehr als einem Schriftsteller aufgedrängt. Doch hier ist meines Erachtens der Vergleich zu Ende. Debenedetti war kein puritanischer Realist wie Defoe und kein katholischer Moralist wie Manzoni. Er war nicht einmal Erzähler wie die beiden. Er war ein Kritiker, der eigentlich der europäischen Kultur der Jahrhundertwende angehörte.

Historisch gesehen war dies eine dekadente Kultur, von der bestenfalls gesagt werden kann, daß sie absolut unvorbereitet war für die tragischen Ereignisse jener Jahre. Debenedettis eigene Vorliebe für Proust ist dafür bezeichnend. Proust existiert nicht außerhalb der Institutionen; er ist ein *geschützter* Autor, der seine Identität zwar originellen und radikalen Analysen unterzogen, sie jedoch nie grundsätzlich in Frage gestellt hat; vielleicht könnte man sogar Prousts Vergangenheit und Erinnerung als ahnungsvolle Flucht vor dem Terror interpretieren, der in jener Gegenwart und mehr noch in der nahen Zukunft um sich griff.

Keiner schien daher weniger geeignet als Debenedetti, das Schicksal der römischen Juden zu schildern, nämlich den Zusammenbruch der Institutionen und die Ablösung der Identität durch den Terror.

Doch wider Erwarten gelingt es unserem feinsinnigen, subtilen, intellektualistischen Debenedetti auf den knapp vierzig Seiten von *Am 16. Oktober 1943*, uns all das zu geben, womit wir bei einem Autor vom Rang eines Defoe oder Manzoni hätten rechnen müssen: die Verwirrung des Verstands angesichts des irrationalen Wütens, religiöses Mitgefühl, historische Pietät und existentiellen Schmerz. Wie brachte er das zuwege?

Vor allem dank der Literatur. Der interessanteste Aspekt dieses literarischen Projekts liegt im Rückgriff auf die Klassik. Das heißt, Debenedetti versah die Geschichte der nazistischen

Razzia mit der Patina eines ästhetisierenden Stils. An dieser Stelle wird mancher fragen: Was soll die Ästhetik? Und ich erwidere: Was soll die Kunst der Grabmäler? Ästhetik bedeutet in diesem Fall Mitgefühl.

Doch Ästhetik allein reichte nicht aus. Es bedurfte auch der Trauer. Leidet ein Kritiker? Hat er teil am Kummer der Welt? Ich glaube nicht. Außerdem schiebt sich als trennende Wand zwischen ihn und den Schmerz unweigerlich die Literatur. Nun hat aber Debenedetti den Mut bewiesen, diese Trennwand niederzureißen und seinen Schmerz als stärksten Beweggrund des Schreibens gelten zu lassen.

Seine Erzählung ist also ein Sieg des Schmerzes über die Literatur. Es ist ein schwer errungener Sieg, der jedoch der Literatur ermöglicht hat, sich unter den Schmerz zu mengen und ihm die stilistische Höhe der Tragödie zu verleihen.

Zur nazistischen Razzia habe ich nichts zu sagen, was Debenedetti nicht besser gesagt hätte. Ich möchte nur hinzufügen, daß Debenedetti in diesen Seiten den wunden Punkt dieses grauenerregenden Vorfalls berührt hat: Der Rassismus ist eine Massenideologie; auch seine Opfer haben kein erkennbares, individuelles Antlitz, noch dürfen sie eines haben, denn auch sie sind Masse. So bezieht sich die Trauer nicht nur auf das angetane Unrecht, sondern auch auf den Zusammenbruch der humanistischen Werte, auf das Ende der individuellen Parenthese zwischen den beiden Barbareien primitiver und kommender Zeiten.

Am 16. Oktober 1943 · Eine Chronik

Bis wenige Wochen zuvor öffneten sich jeden Freitagabend beim Aufleuchten des ersten Sterns die großen Portale der Synagoge, jene zur Piazza del Tempio. Warum die großen Portale und nicht die versteckteren Seiteneingänge im Windfang wie an den anderen Abenden? Warum anstelle der wenigen siebenarmigen Leuchter all diese funkelnden Lichter, die Flammen aus dem goldenen Zierat schlugen, dem Stuckwerk – all den Davidssternen, den Salomonsknoten und Jubelposaunen – festliches Gepränge verliehen und ein prunkvolles Schimmern auf den Brokat zauberten, der vor dem Thoraschrein hing, der Heiligen Lade des Bundes mit dem Herrn? Weil jeden Freitag beim Aufleuchten des ersten Sterns die Wiederkehr des Sabbats gefeiert wurde.

Kein dünnes Psalmodieren des einsamen Kantors am fernen Altar; nein, von der hohen Empore herab jubelte der Kinderchor zum brausenden Hosianna der Orgel ein Lied voll heiliger Inbrunst, die alte Hymne des Kabbalisten, *Lechà Dodí Lichrà Kalà*: Komm, Freund, gehe der Braut entgegen... Es war die mystische Aufforderung, den Sabbat zu begrüßen, der herannaht wie eine Braut.

Wer sich stattdessen an jenem Freitagabend, dem 15. Oktober, im ehemaligen Ghetto von Rom einfand, war eine Frau in schwarzen Kleidern, abgehetzt, zerzaust, vom Regen durchnäßt. Sie bringt kein Wort hervor, die Aufregung schnürt ihr die Kehle zu, treibt ihr den Schaum vor den Mund. Sie ist von Trastevere hierher gelaufen.

Kurz zuvor hat sie bei einer Frau, der sie die Bedienung macht, die Frau eines Carabiniere getroffen, und die hat ihr gesagt, daß ihr Mann, der Carabiniere, einen Deutschen getroffen hat, und dieser Deutsche hatte eine Liste in der Hand, von zweihundert jüdischen Familienvätern, die mit der ganzen Familie fortgebracht werden sollten.

Die Juden von Regola haben die Gewohnheit bewahrt, früh zu Bett zu gehen. Kaum wird es Abend, sind sie auch schon im Haus. Vielleicht haben sie die Erinnerung an die ehemalige Ausgangssperre im Blut, als mit althergebrachter, vielleicht durch die Gewöhnung lieb und vertraut gewordener Monotonie bei Einbruch der Dunkelheit die Ghettotore kreischten, um ihnen ins Gedächtnis zu rufen, daß die Nacht nicht für die Juden war, daß sie ihnen die Gefahr bedeutete, gefaßt, mit Geldstrafen belegt, ins Gefängnis gesperrt, geprügelt zu werden.

So sind dieselben Juden, die man bezichtigt, sich im Dunkeln gegen Ordnung und Gesetz der Welt zu verschwören, doch längst Geschöpfe des Tags. Frühmorgens, kaum daß ein Dämmerschein, so trüb und grau wie ihre Häuser, gleich einem Dosenöffner seinen Hebel an die Dachgesimse setzt, um sich einen Spalt zu öffnen für die Gassen darunter, da sind diese Juden schon auf den Beinen und zetern und rufen einander beim Namen und einigen und zanken sich und debattieren und verhandeln und feilschen, und machen sich schwer zu schaffen, wenn auch ihre Reden und Geschäfte keinerlei Dringlichkeit besitzen. Doch diese Juden lieben das Leben: jenes Leben, von dem die Nacht sie ausgeschlossen hat; jetzt drängt es sie, von ihm erfaßt zu werden.

Auch an jenem Abend waren die Familien bereits vollzählig versammelt. Einzelne Mütter entzündeten die Sabbatlampe – aber nicht mehr die schöne, die war nach den ersten Diebstählen der Deutschen versteckt worden – während die Alten mit der Tefillà* auf den Knien die Segenswünsche hersagten und ihr Gebetsgemurmel in zornig heisere Beschimpfungen der störenden Enkel umschlug. So fiel es der abgehetzten Frau nicht schwer, eine große Zahl von Juden um sich zu scharen, um sie vor der drohenden Gefahr zu warnen.

Doch niemand wollte ihr glauben, alle lachten nur. Celeste wohnt zwar in Trastevere, hat aber Verwandte im Ghetto und ist der Cheilà** keine Fremde. Sie ist allen als Klatschweib bekannt,

---

* Gebetbuch
** Gemeinschaft

16

das allzu leicht ins Schwärmen und Phantasieren gerät: man braucht sie nur anzusehen, wie sie beim Sprechen gestikuliert, mit weit aufgerissenen Augen unter ihrem strähnigen Haar. Und dann weiß jeder, daß in ihrer Familie alle leicht meschugge sind; wer kennt nicht ihren ältesten Sohn, den vierundzwanzigjährigen, einen dürren, schwarzbehaarten Kerl mit wunderlichen Ideen und der Miene eines verhinderten Chacham*, der zu allem Überfluß noch fallsüchtig sein soll! Wie kann einer da auf Celeste hören?

»So glaubt mir doch! Seht zu, daß ihr von hier weg kommt!« flehte die Frau. »Ich sage die Wahrheit! Das schwör' ich beim Haupt meiner Kinder!«

Ach, die Wahrheit! Wer weiß, was man ihr gesagt hat, wer weiß, was sie verstanden hat. Diese Ungläubigkeit, das Gelächter bringen sie um die Fassung. Da kreischt und schimpft sie los, als hätte sie selbst und nicht die Deutschen die Drohung ausgesprochen, als träfe es ihren persönlichen Stolz, wenn niemand sich darum kümmert. Könnte sie sich etwas noch Schlimmeres vorstellen, sie würde es ihnen vorschwindeln, um sich zu rächen und endlich Schrecken zu verbreiten. Sie schreit, sie fleht, sie versucht es mit Tränen und legt den Kindern die Hände aufs Haupt, wie um sie zu beschützen.

»Ihr werdet es noch bereuen! Einer reichen Frau würdet ihr schon glauben. Aber weil ich nichts bin und nichts habe, weil ich in diesen Lumpen herumlaufe...«, und wie sie wütend daran zerrt, reißt wieder ein Stück.

Seither sind dreizehn Monate vergangen, und viele der Zeugen jenes Abends räumen heute diese Möglichkeit ein; wäre Celeste eine Dame gewesen und nicht die arme Haut, die sie ist, vielleicht...

Doch an jenem Abend stiegen sie wieder hinauf in ihre Wohnungen, setzten sich wieder um den Tisch zum Abendbrot und besprachen untereinander die seltsame Geschichte.

* Gelehrter, Weiser; Rabbiner

Allen war sonnenklar, was der Verrückten durch den Kopf gegangen war: Etwa zwanzig Tage zuvor hatte Major Kappler den Vorstehern von Gemeinde und Verband, Commendatore Foà und Dottor Almansi, angedroht, zweihundert jüdische Geiseln festzunehmen. Die Zahl stimmte, und das Mißverständnis war wohl so zu erklären: Zum armen Volk gelangen die Nachrichten verspätet und entstellt, aber das wenige, was ihm schließlich zu Ohren kommt, hält es immer für bare Münze. Längst war die Gefahr für die zweihundert Geiseln gebannt. Die Deutschen mögen Rascaním* sein, aber Ehrenmänner sind sie doch.

Im Unterschied zur verbreiteten Meinung sind die Juden kein mißtrauisches Volk. Besser gesagt: sie sind genauso mißtrauisch, wie sie schlau sind, nämlich im kleinen, doch leichtgläubig und entsetzlich arglos im großen. Den Deutschen gegenüber waren sie und zeigten sie sich von geradezu übertriebener Arglosigkeit. Dafür ist eine Reihe von Gründen auszumachen. Überzeugt durch jahrhundertelange Erfahrung, daß es das Schicksal der Juden sei, wie Hunde getreten zu werden, haben sie ein verzweifeltes Bedürfnis nach menschlichem Wohlwollen; und sie betteln darum, indem sie selbst damit aufwarten. Den Leuten Vertrauen zu schenken, sich auf sie zu verlassen, ihren Versprechungen zu glauben, ist nichts anderes als ein Beweis dieses Wohlwollens. Und das galt auch für ihren Umgang mit den Deutschen? Leider ja.

Gegenüber den Deutschen kam außerdem die klassisch jüdische Haltung vor den Machthabern ins Spiel. Schon vor dem Fall Jerusalems verfügte die jeweils herrschende Macht mit uneingeschränkter, willkürlicher und unergründlicher Gewalt über Leben und Tod der Juden. Das hatte zur Folge, daß die Macht in ihren Köpfen und selbst in ihrem Unbewußten die Gestalt eines einzigen, allmächtigen und eifernden Gottes annahm. Ihrem Wort zu mißtrauen, ob es nun Gutes oder Böses verspricht, ist

* Böse

18

Sünde, wofür man früher oder später büßen muß, selbst wenn ⌐
Sünde nicht offenbar wird und über die reine Absicht oder ein
Murren nicht hinauskommt.

Und zu guter Letzt steht am Ursprung des Judentums der
Gedanke der Gerechtigkeit. Es war die Mission der Juden, diesen
Gedanken an die westliche Kultur zu vermitteln. Renan benutzt
ihn sogar als Leitlinie zur Erklärung der gesamten Geschichte Israels, bis hin zu den großen eschatologischen Prophezeihungen,
der messianischen Hoffnung, dem verheißenen Tag des Herrn,
dessen Licht schon bald oder in ferner Zukunft über dem Höhen-
kamm der Jahrtausende aufgehen wird, um das Reich der Gerechtigkeit auf dieser Erde wiederherzustellen.

Aus all diesen Gründen setzten die Juden Roms ein ge-
wisses Vertrauen in die Deutschen, auch – ja, ich würde sagen vor
allem – nach den Vorfällen des 26. September. Sie hielten sich für
gefeit gegen jede weitere Verfolgung. Denn es wäre unfair gewesen, und gemäß ihrer Wesensart konnten sie derlei nicht glauben.

Besorgnis zu zeigen, wäre zudem einer Herabsetzung der
Deutschen gleichgekommen, einem Beweis der Abneigung gegen
sie. Und schließlich hätte man sich derart gegen die herrschende
Macht versündigt. Deshalb lachten die Juden an jenem Abend zur
Botschaft der verrückten Celeste.

(Wir bitten, diese und eventuelle weitere Abschweifungen
zu verzeihen; doch um das Grausige der Tragödie, die wir zu re-
konstruieren versuchen, begreifen zu können, empfiehlt es sich,
die Figuren zu kennen.)

Tatsächlich waren am Abend des 26. September 1943 die Vorsteher der Israelitischen Kultusgemeinde von Rom und des Verban-
des der Italienischen Gemeinden durch den Polizeibeamten Dottor Cappa für 18 Uhr in die Deutsche Botschaft bestellt worden.
Dort empfing sie, erschreckend höflich und »distinguiert«, Obersturmführer Herbert Kappler, bot ihnen Platz an und sprach eine
Zeitlang über dies und jenes im Ton einer gewöhnlichen Unter-

kapple

haltung. Dann kam er zur Sache: Die Juden Roms seien zweifach schuldig, als Italiener (doch keine zwei Monate später sollte ein deutsch-faschistisches Dekret unter der Ägide der Herren Rahn, Mussolini und Pavolini den Juden Italiens die italienische Staatsbürgerschaft aberkennen; was nun, Obersturmführer Kappler?), als Italiener wegen des Verrats an Deutschland und als Juden wegen der Zugehörigkeit zur Rasse der Erbfeinde Deutschlands. Deshalb belege sie die Reichsregierung mit einem Kopfgeld von fünfzig Kilogramm Gold, abzuliefern bis Dienstag, den 28. September, elf Uhr. Im Falle der Nichteinhaltung Razzia und Deportation von zweihundert Juden nach Deutschland.

Das hieß: wenig mehr als eineinhalb Tage Frist, um fünfzig Kilo Gold zu beschaffen. Auf die Vorbehalte, welche die beiden jüdischen Repräsentanten dem entgegenzusetzen suchten, erwiderte der Obersturmführer, er würde zu ihrer Entlastung Transportmittel und Personal für die Sammlung des Goldes bereitstellen. Die beiden Herren wollten die Hilfe nicht akzeptieren? Auch gut, dann eben nicht. Immerhin verlängerte er, wiederum um Großzügigkeit zu demonstrieren, die Abgabefrist um eine Stunde.

Sie fragten ihn nach dem Goldwert in Liren. Kappler erfaßte sofort, worum es ging: An italienischen Liren, antwortete er, habe das Dritte Reich keinerlei Bedarf, und für den Fall – er lächelte – daß man welche brauche, könne man sie ja jederzeit drucken.

Dann hielt er es für angebracht, seine Selbstdarstellung abzurunden, indem er erklärte, daß Aufbegehren nicht lohne – andernfalls er selbst die Razzia leiten würde; und bei vielen vergleichbaren Gelegenheiten habe er mit solchen Operationen bekanntlich großen Erfolg gehabt. Womit die Argumente erschöpft zu sein schienen und die Sitzung ohne weitere Förmlichkeit aufgehoben wurde.

Die italienische Polizei, sofort von der Zwangsauflage in Kenntnis gesetzt, enthielt sich einer Antwort. Daraufhin folgten ein zweites

Schreiben, eine persönliche Vorsprache, Telephonate: Das Schweigen war – in drastischer Anspielung – mehr denn je Gold.

Also versammelte sich noch am selben Abend und am darauffolgenden Morgen die Prominenz der Gemeinde mit den Personen, die für geschäftserfahren und finanzkräftig galten. Da wurde gejammert, protestiert und festgestellt, daß die Sache nicht machbar sei. Doch die Tatkräftigeren behielten die Oberhand, so daß rechtzeitig mit der Sammlung des Goldes begonnen wurde. Das Gerücht hatte unter den Juden bereits die Runde gemacht; dennoch trafen anfangs die Spenden recht zögerlich ein, mit ungläubigem Staunen. In diesen Stunden ließ der Vatikan halbamtlich verlauten, er halte fünfzehn Kilogramm Gold für die Juden bereit, um eventuelle Fehlbeträge auszugleichen.

Inzwischen standen die Dinge jedoch besser. Ganz Rom hatte nun vom Übergriff der Deutschen erfahren und war darüber betroffen. Zaghaft, als fürchteten sie eine Zurückweisung, als scheuten sie sich, den reichen Juden Gold zu offerieren, erschienen einige *Arier*.

Verlegen betraten sie den Raum neben der Synagoge und wußten nicht recht, ob sie den Hut abnehmen oder den Kopf bedeckt halten sollten, wie der religiöse Brauch der Juden bekanntlich verlangt. Beinahe demütig fragten sie an, ob auch sie... ob es nicht etwa unerwünscht sei...

Leider nannten sie ihre Namen nicht, die man doch gerne festhalten würde für Zeiten, in denen der Glaube an die Mitmenschen ins Schwanken gerät. Worte kommen mir in den Sinn, wahrhaft schöne Worte, die auch George Eliot aufgegriffen hat, von der *Milch der menschlichen Güte*.

Die Sammelstelle war in einem Büro der israelitischen Kultusgemeinde eingerichtet worden, und die Quästur, die auf diesem Ohr nun doch wieder hörte, hatte einen Ordnungs- und Wachdienst hinbeordert. Der Zustrom hatte nämlich beträchtliche Ausmaße angenommen. Am Tisch saß ein Vertrauensmann der Gemeinde, neben ihm prüfte ein Goldschmied jedes vorgelegte Stück, ein zweiter wog es. Man hatte sofort in Umlauf gebracht, daß Geldbeträge nicht angenommen würden. Es hätte den Goldfluß gehemmt: Goldgegenstände sind oft liebe Erinnerungen, die uns um so lieber werden, wenn wir uns von ihnen trennen müssen; außerdem gilt Gold in Zeiten der Heimsuchung und des Kriegs als sicherster Rückhalt für den äußersten Notfall, da es sich auch am leichtesten forttragen läßt. Geld hingegen wäre reichlich und rasch zusammengekommen; aber daraus hätte sich das Problem und zugleich das Risiko ergeben, alles Gold auf dem Schwarzmarkt auftreiben zu müssen.

Und dann begann sich das Gold bereits zu häufen, viele Leute hatten sich eingefunden, die Gold zum Verkauf anboten, also begann man auch Bargeld anzunehmen und zu recht unterschiedlichen Preisen Käufe abzuschließen. Bei diesem Handel war die Zeitungsfrau vom Ponte Garibaldi von großer Hilfe.

Dienstag vormittag war noch vor elf Uhr die geforderte Goldmenge erreicht, ja, es blieb sogar ein Restbetrag von zwei Millionen in bar, die im Panzerschrank der Gemeinde verwahrt wurden. Das Lokal der Goldsammlung wurde zugesperrt: Vor der Tür postierten sich zusätzlich zu den Beamten der Staatspolizei die Goldschmiede und ein paar Vertreter der Gemeinde. Von den Deutschen einer, musikalisch gebildet und geistreich, hätte vielleicht gewitzelt über die schatzhütenden Fafner. Jedoch weit davon entfernt, Feuer zu speien, hielten diese braven Leutchen seelenruhig Mahlzeit, da ihre Frauen das Essen gebracht hatten. Sie waren mit sich zufrieden. Hinter ihnen lagen wohl bange Momente und fieberhaftes Befragen der Uhr; doch alles in allem hatten sie gute Arbeit geleistet.

Man rief die Deutsche Botschaft an, um ein paar Stunden Aufschub zu erlangen. Eine schlichte Vorsichtsmaßnahme, um zu verhindern, daß angesichts der prompten Erfüllung die Forderungen in die Höhe schnellten. Wieviel Einfalt bei aller Schläue: als ob die Deutschen nicht ihre Spitzel gehabt hätten.

Jedenfalls erreichten sie eine Verlängerung der Frist bis 18 Uhr: Zu dieser Stunde fuhren dann drei Autos mit dem Gold, den beiden Vorstehern, den beiden Goldschmieden und einer durch den besagten Dottor Cappa angeführten Polizeieskorte vom Lungotevere Sanzio in Richtung Villa Wolkonsky* los.

Abgesehen davon, daß Kappler sich nicht zur Formalität der Goldübernahme, der »Eintreibung« sozusagen, herabließ, geruhte er nicht einmal, sich zu zeigen. Durch eine Sekretärin ließ er im Vorzimmer bestellen, die Abgabe sei in der Via Tasso** zu entrichten. Dies ist vielleicht das erste Mal, daß in der an Skandalen und Morden reichen Chronik der deutschen Okkupation die Via Tasso offen genannt wird. Der Konvoi verläßt also die Villa Wolkonsky, biegt ab, gelangt an die berüchtigte Adresse.

In der Via Tasso sahen sich die Juden einem gewissen Hauptmann Schultz gegenüber, der mit Sicherheit grausamer war als der Schultz unserer alten Lateingrammatik. Ihm standen zwei Deutsche zur Seite, ein Goldschmied und ein Goldwieger. Das Gold war in zehn Kartons verstaut, wie sie zur Ablage der Korrespondenz in den Büros dienen. Ich wiederhole: zehn, und jeder von ihnen enthielt fünf Kilogramm Gold. Das Abwiegen und Prüfen mußte die einfachste und schnellste Sache der Welt sein.

Aber acht Uhr war lange vorbei, und weder die Vorsteher noch die Goldschmiede waren in ihr Heim zurückgekehrt. Das Tick-tack der Uhren in der Stille der Wohnungen wurde zur Stimme der bohrenden Angst, skandierte in den Ohren der Angehörigen den Rhythmus der von Minute zu Minute bedrückenderen Vermutungen. Dann ein absurdes Schrillen des Telephons: aber nicht sie waren es, es waren die Freunde, die sich am eifrigsten um die Sammlung bemüht hatten. Jetzt gaben sie die Leitung wieder frei

* Sitz der Deutschen Botschaft
** SS-Hauptquartier und politisches Gefängnis

mit Worten, die noch zuversichtlich klingen wollten, aber bereits Mitleid verrieten.

Schließlich kamen die vier Männer nach Hause. Sie zeigten jene Mischung aus Erleichterung und Erschöpfung, die einen nach großer Anstrengung befällt. So etwa fühlt sich einer, der hinter dem Sarg eines Lieben einen langen Weg an einem naßkalten Tag zurückgelegt hat, wenn er schon zermürbt ist von Nächten des Wachens und Bangens. Nur ausruhen, ins Bett sinken, hoffentlich nicht mehr daran denken.

Was war geschehen? Sie konnten es sich selbst nicht recht erklären. Nach einer ersten Kontrolle hatten die Deutschen in einem Ton, der keine Widerrede gestattete, bemängelt, es seien nur neun Kartons. Wie hätte man auch daran zweifeln können, daß die Juden versuchen würden, das Deutsche Reich zu betrügen! Das war Brennus' Schwert in der Waagschale.

Lange, spitzfindige, aufreibende Verhandlungen: Hauptmann Schultz lehnte jegliche Überprüfung ab. Bis sich schließlich bei nochmaligem und geradezu trotzigem Abzählen und Wiegen unleugbar ergab, daß es zehn Kartons waren und ihr Gewicht unanfechtbar, sogar mehrere Gramm zuviel. Dann aber hatte sich Hauptmann Schultz geweigert, eine Quittung auszustellen.

Warum wohl? Der erste Gedanke war, daß die Deutschen keine Beweise für ihr unrechtmäßiges Handeln hinterlassen wollten. Doch die Deutschen hinterließen und hinterlassen ganz andere Beweise: Massengräber, Blutbäder, Sprengungen, Plünderungen; auf Schritt und Tritt hinterließen und hinterlassen sie Beweise, und zwar der Art, daß sie der Erde Europas eingegraben sind und es jahrzehntelang bleiben werden.

Vielleicht aber wagte niemand, persönlich ein solches Dokument zu unterzeichnen? Das Moskauer Abkommen über die Verantwortung in Kriegsverbrechen und ihre Bestrafung sollte erst Wochen später getroffen werden. Doch im Gewissen der Verbrecher nistet immer die Ahnung eines strafenden Schicksals. Wahrscheinlich ist die Erklärung für diese Weigerung jedoch in den nachfolgenden Ereignissen zu suchen, vorausgesetzt, daß den Deutschen, diesen Theoretikern der Makulatur, überhaupt eine beliebige Quittung oder Bescheinigung als bindend oder verpflichtend gelten kann.

Wußte Hauptmann Schultz bereits, was sich für den folgenden Tag zusammenbraute? Zweifellos wußte es Obersturmführer Kappler, denn es waren SS-Trupps, die am nächsten Morgen, dem 29. September, in der Gemeinde erschienen und Archive, Dokumente, Register, ja alles, was sie vorfanden, konfiszierten, natürlich auch die zwei Millionen in bar, die von der Goldkollekte übriggeblieben waren. Abgesehen davon war der Besuch nicht sehr ergiebig: die Einrichtung des Tempels und die Wertgegenstände waren schon in Sicherheit gebracht worden. Was nach unserer Meinung eine der überaus wenigen Vorsichtsmaßnahmen seitens der Juden war.

Eine seltsame Figur, von der man gern mehr wüßte, betritt am 11. Oktober die Räume der Gemeinde. Auch er in Begleitung eines SS-Trupps, scheinbar ein deutscher Offizier wie all die anderen auch, mit jenem Mehr an Arroganz, das ihm die Zugehörigkeit zu einer privilegierten und berüchtigten »Sondereinheit« gibt. Auch er von Kopf bis Fuß ganz Uniform: jene enganliegende Uniform von tadelloser, vorschriftlicher, unnachgiebiger Eleganz; mit der Hermetik des Reißverschlußprinzips zwängt sie den Menschen in ein steifes Korsett, und zwar nicht nur den Körper, sondern vor allem den Geist. Sie ist die Übersetzung des Worts *Verboten* in Uniform: Zutritt verboten zum Menschen und seiner individuellen Vergangenheit, die in ihm lebendig ist – nämlich seine persönliche Geschichte, seine eigentliche Existenz als *Sondereinheit* unter den anderen Geschöpfen der Welt; strengstens verboten, etwas anderes an ihm wahrzunehmen als seine strenge, automatenhafte, straff reglementierte Gegenwart.

Während seine Leute darangehen, die Bibliothek der Rabbinerschule und der Gemeinde auszuräumen, befühlt, ja liebkost dieser Offizier mit den sorgsamen, vorsichtigen Händen einer Feinstickerin Papyri und Inkunabeln, er greift nach Handschriften und raren Editionen, blättert in Pergamenten und Palimpsesten. Die Zartheit der Berührung, die Achtsamkeit im Umgang folgen dem Wert der einzelnen Bände, die meisten in uralten Schriften. Kaum hat er sie aufgeschlagen, heftet sich der Blick des Offiziers auf die eine oder andere Stelle, erhellt sich, wie nur bei begnadeten Lesern, die sofort den erhofften Satz, den Schlüssel zum Ganzen zu finden wissen. Unter diesen aristokratischen Händen geben die Bücher ihre Wahrheit preis wie unter schärfster Folter, einer subtilen, unblutigen Folter. Später war in Erfahrung zu bringen, daß dieser SS-Offizier ein großer Kenner der Paläographie und semitischen Philologie war.

Die Bibliothek der Rabbinerschule von Rom und mehr noch die der Gemeinde beherbergten berühmte Sammlungen und Raritäten, einige davon sogar einmalig in der Welt. Eine vollständige Erforschung und Katalogisierung der Bestände war noch nicht durchgeführt worden: vielleicht hätte sie weitere Schätze zutage gefördert.

Soviel wir wissen, befand sich in den Archiven eine Fülle von Dokumenten, handgeschriebene und gedruckte Chroniken der Diaspora im Mittelmeerraum, außerdem sämtliche authentischen Quellen zur frühen und späteren Geschichte der Juden Roms, dieser nächsten und direktesten Nachfahren des antiken Judentums. Noch unbekannte Darstellungen vom Rom der Cäsaren, Kaiser und Päpste, voll ungeahnter Perspektiven verbargen sich unter jenen Schriften. Und Generationen, die scheinbar wie Laub über diese Erde geweht waren, harrten der Stunde, daß jemand sie aus der Tiefe dieser Papiere zum Sprechen brächte.

Der Reißverschluß ratscht, die Uniform schließt sich um den Semitologen, der wieder zum SS-Offizier wird. Er befiehlt: Wer auch nur eines dieser Bücher anrührt, versteckt oder entfernt, wird nach deutschem Standrecht erschossen. Und geht. Seine Absätze klappen auf den Stufen. Wenig später kommen auf den Straßenbahnschienen der schwarzen Ringlinie drei Güterwaggons angerollt. Die SS-Leute verladen beide Bibliotheken. Die Waggons setzen sich wieder in Bewegung. Bücher, Inkunabeln, Handschriften und Pergamente sind auf dem Weg nach München.

Wer weiß, ob es dieselben Waggons sind, die schon bald eine weitere und weitaus lebendigere Fracht nach Deutschland bringen sollten. Genügend Zeit für Hin- und Rückfahrt wäre gewesen: fünf Tage.

Und noch einmal, zum allerletzten Mal, stellen wir uns diese Frage, als könnte sie die Betroffenen noch aufrütteln: Wenn doch die Schikanen kein Ende nahmen, warum erwogen sie nicht die Flucht? Ganz einfach, weil der Bücherdiebstahl für die Bevölkerung des Ghettos, die von Büchern nichts verstand, keine Schikane darstellte. Andererseits hätten gerade sie, die Juden von der »Piazza Giudía«, es am nötigsten gehabt, die Gefahr zu erkennen, weil sie den größten Tribut an Opfern liefern sollten.

Aber hätten sie überhaupt auf eine warnende Stimme gehört? Sie waren träge und hingen an ihrer Umgebung. Der Ewige Jude ist müde geworden, er ist zu lange durch die Welt geirrt, er kann nicht mehr. Die Beschwernis der vielen Exile, Fluchten und Verschleppungen, jener zahllosen Wege, die die Väter in Jahrhunderten beschritten haben, hat schließlich den Söhnen und Enkeln die Muskeln gelähmt; ihre Beine vermögen nicht mehr, die Füße voranzuschieben.

Und außerdem war eine fünfte Kolonne am Werk, es gab sie ganz gewiß, die »Vertrauen« zu säen suchte. Zum Beispiel waren am 9. Oktober mehrere Juden verhaftet worden, was viele in Schrecken versetzte, konnte dies doch den Anfang einer Verfolgung bedeuten, die sich gegen Personen richtete. Sofort wurde zur Beschwichtigung der Gemüter eine Nachricht in Umlauf gebracht (und verantwortliche Mitglieder der Gemeinde trugen – zweifelsohne in bester Absicht – zu ihrer Verbreitung bei): diese

Verhaftungen seien einzelne, begründete Maßnahmen, es handle sich um lauter Personen, die bereits wegen antifaschistischer Umtriebe registriert waren. Ihre Tätigkeit, nicht ihre Rasse sei in ihrem Fall angegriffen worden. Die Deutschen gaben sich immer noch rücksichtsvoll, fast menschlich. Bei ihrer erdrückenden Präsenz, ihrer uneingeschränkten Macht hätten sie *viel Schlimmeres tun* können. Andererseits...

Nein, es gab eigentlich keinen besonderen Grund, mißtrauisch zu reagieren, die Vorfälle tragisch zu nehmen.

So schliefen die Juden friedlich in ihren Betten, als am Freitag, dem 15. Oktober, gegen Mitternacht plötzlich Schüsse auf der Straße zu hören waren. Seit dem 25. Juli, an dem Badoglio die Ausgangssperre verhängt hatte, und besonders seit dem 8. September waren fast jede Nacht Schüsse auf den Straßen zu hören, und es hieß, sie gälten den Leuten, die zu später Stunde ohne Genehmigung unterwegs waren. Aber diese alltäglichen Schüsse erklangen vereinzelt wie die Stundenschläge, sie kamen selten so nahe und dauerten nie so lange. Diese hingegen schwellen an, sie häufen sich, überlagern sich, steigern sich zu einer richtigen Schießerei. Und wären es bloß Schüsse, aber etwas Bedrohlicheres mischt sich dazwischen: immer wieder ertönt ein dumpfer Knall, der sich dann wellenförmig ausbreitet und ins Dunkel einen weiten, schwarzen Krater reißt. *Barúch dajàn emèd**, es ist, als befände man sich im Zentrum einer Schlacht. Einige richten sich im Bett auf. Aber an die Warnung, die ihnen bei Einbruch der Dunkelheit von Trastevere zugetragen worden war, erinnert sich keiner.

Die Mutigen treten ans Fenster. Draußen pfeifen und winseln nur wenige Zentimeter vor den Fensterläden Kugeln und Splitter vorbei, dringen in den alten Verputz der Häuserfronten. Durch die geschlossenen Fensterläden sind auf der Straße im feinen, glitschigen Regen, im Mündungsfeuer der Gewehrsalven und

* Gesegnet der Richter der Wahrheit

dem Aufleuchten der Raketen Soldatentrupps zu sehen, die in die Luft schießen und Handgranaten gegen die Gehsteige schleudern. Nach den Helmen zu schließen, sind es Deutsche; aber der Blick war zu kurz, es ist nicht ratsam, am Fenster zu bleiben.

Jetzt beginnen die Jorbetím* auch noch zu brüllen und zu johlen: ein Chaos gellender, wütender, höhnischer, unverständlicher Schreie.

Was wollen sie? Wem gilt das Ganze? Was passiert?

In den Wohnungen sind jetzt alle auf den Beinen. Die Nachbarn kommen zusammen, um einander Mut zu machen, aber es gelingt ihnen nur, sich in ihrer Angst zu bestärken. Die Kinder plärren.

Was soll man den Kindern sagen, um sie zu beruhigen, wenn man für sich selber keine Erklärung hat? Mußt nicht weinen, jetzt gehen sie zur Piazza di Monte Savello, zur Piazza Cairoli, du wirst schon sehen, gleich ist alles vorbei.

Es ist aber nicht vorbei: Kaum scheinen sie sich zu entfernen, sind sie auch schon wieder da, und die Schießerei hat nicht einmal nachgelassen. Brächen sie eine Tür, einen Fensterladen, ein Geschäft auf, dann sähe man wenigstens einen Grund. Doch nichts dergleichen, sie schießen und brüllen nur herum. Zahnschmerzen sind so, weil man da auch nicht weiß, wie lange sie dauern, wie arg sie noch werden können. Dieses versagte Verstehen ist die schlimmste Folter.

Eine Frau, die vor wenigen Stunden entbunden hat, erträgt die Spannung nicht länger, sie springt aus dem Bett, packt das Neugeborene, flüchtet sich in die Küche einer Nachbarin, aber dort bricht sie ohnmächtig zusammen. Die Frauen kümmern sich um sie: Kognac, Wärmflasche, das ist wenigstens ein Stück Alltag, das sind die Übel, gegen die man Mittel kennt. Aber die da unten schießen und brüllen zwei Stunden lang, drei Stunden, mehr als drei Stunden.

* Soldaten

Jedes Jahr wird vom Passah-Mahl – *wer hungert, mag kommen und essen* – eine halbe Mazze aufbewahrt. Ein aus unvordenklichen Zeiten überlieferter Glaube, als die Juden wohl noch Bauern waren, besagt, daß man ein Stück dieses Brots aus dem Fenster werfen muß, um Stürme, Unwetter und Hagelschläge zu beschwichtigen, die das Getreide vernichten, die Reben und Olivenbäume entlauben, endlich Hungersnöte und vielleicht den Tod nach sich ziehen.

Wer weiß, ob in dieser Nacht nicht manchem der Gedanke kam, den Brotrest vom vergangenen Passah – als man das letzte Mal des Auszugs aus Ägypten, der Befreiung aus der Hand der Pharaonen gedacht hatte – aus der Lade zu holen und es diesem Höllenspektakel entgegenzuschleudern. Das Getreide war geschnitten, die Trauben gepflückt; doch eine andere Ernte galt es zu retten, die Nachkommenschaft Israels, die den Patriarchen so zahlreich wie der Sand am Meer verheißen worden war. Doch wäre aus einem Fenster die harmlose Mazze gefallen, die Deutschen hätten mit Karabinern und Maschinengewehren darauf gezielt und Handgranaten gegen jenes Fenster geworfen.

Sie allein kannten den Grund für dieses Inferno. Und vielleicht war der wahre Grund, daß es keinen gab: ein zweckfreies Inferno, damit es um so mysteriöser und daher um so bedrohlicher wirkte. Auf Anhieb dachten die Leute, es handle sich um einen bösen Streich, um eine Verhöhnung der Juden.

Im nachhinein ließ sich vermuten, die Deutschen hätten beabsichtigt, die Bewohner des Ghettos einzuschüchtern, und – für den Fall, daß etwas von dem Vorhaben für den folgenden Tag durchgesickert sein sollte – sie zu zwingen, sich in den Häusern zu verkriechen, so daß keiner ihnen entkäme.

Gegen vier Uhr morgens ließ die Schießerei nach. Es war kalt, die Feuchtigkeit der Regennacht kroch durch die Mauern. Seit sie aus dem Schlaf geschreckt worden waren, froren sie in Nachthemd und Pantoffeln, höchstens mit einem dünnen Umhang oder Schal um die Schultern.

Die verlassenen Betten hatten vielleicht etwas Wärme bewahrt. Zähneklappernd, zerschlagen und müde, mit dem Gefühl – wie große Aufregungen es in uns hervorrufen – als lägen die Augen vertrocknet in tiefen Höhlen, kehrte jeder in seine Wohnung und in sein Bett zurück. In zwei Stunden würde es Tag sein, und endlich würde man etwas erfahren können. Außerdem war ja, genau genommen, *gar nichts passiert.*

Alarm geschlagen hat dann als erste, wie es scheint, eine Frau namens Letizia, in der Nachbarschaft »Letizia Hornbrille« genannt: ein dickes, ältliches Mädchen, mit aufgedunsenem Körper und verquollenem Gesicht, darin ein stumpfer Blick und breite, aufgeworfene Lippen, die ihm ein starres, ausdrucksloses Lächeln aufzwingen. Die dazugehörige Stimme klingt verdrossen, abwesend, völlig unbeteiligt an dem, was sie sagt. Gegen fünf hörte man sie nun rufen: »O Gott, die Mamonni!«

Mamonni bedeutet im Jargon der römischen Juden Polizei, Ordnungsmacht, Staatsgewalt. Es waren tatsächlich die Deutschen mit ihrem schweren, gleichmäßigen Schritt. (Uns sind Personen bekannt, für die dieser Schritt bis heute das Symbol, die akustische Entsprechung des deutschen Terrors geblieben ist.)

Sie begannen mit der Abriegelung der Straßen und Häuser des Ghettos.

Der Besitzer eines kleinen Cafés am Portico di Ottavia – ein Arier, der dank der günstigen Lage seines Lokals die Abwicklung aller Vorgänge verfolgen konnte – war kurz zuvor vom Testaccio gekommen, wo er seine Wohnung hat. Auf dem Weg über die Piazza di Monte Savello und durch die Via del Portico hatte er nichts Außergewöhnliches bemerkt. (Hätte die Zeit gereicht, um sich nach der Schießerei in Sicherheit zu bringen? Oder war das Viertel bereits umzingelt?) Er sagt, er habe den gleichmäßigen Schritt erst gegen halb sechs gehört. (Bezüglich der Uhrzeit war es nicht möglich, Übereinstimmung unter den Augenzeugen herzustellen; jene unheilschweren Stunden müssen entsetzlich dehnbar gewesen sein, in der rein psychologischen Einschätzung der Überraschten.) Noch hatte er das Café nicht geöffnet, sondern setzte erst die Espressomaschine unter Druck: er stieß einen Laden auf und sah.

Er sah zwei Reihen Deutsche längs der Gehwege: schätzungsweise hundert. In der Mitte der Straße standen die Offiziere, die bewaffnete Wachtposten an alle Straßenecken beorderten. Die wenigen Passanten blieben neugierig stehen. Die Deutschen kümmerten sich nicht um sie. Erst später begannen sie, die Personen zu fassen, die Bündel oder Koffer trugen, Indizien eines Fluchtversuchs.

Wir wollen weiterhin vom Ghetto berichten, weil es das Epizentrum der Razzia war. Doch an anderen Punkten der Stadt hatte die Maßnahme mehrere Stunden zuvor gegriffen. So ist zum Beispiel bekannt, daß ein gewisser Rechtsanwalt Sternberg Monteldi aus Triest bereits am Vorabend um 23 Uhr im Hotel Vittoria, wo er mit seiner Frau wohnte, festgenommen worden war. Hier beginnen die Fragen nach den Kriterien und Modalitäten, an denen sich die Razzia orientierte. Der Rechtsanwalt und seine Frau hatten Schweizer Pässe, waren also nicht in den Registern der römischen Einwohnerschaft aufgeführt; sie hatten keine Rassenerklärung gemacht, wurden also nicht als Juden geführt. Wie gelangten ihre Namen in die Listen der SS? Zur Vorgehensweise weiß man zu sagen, daß in diesem Fall die Festnahme mit besonderer Rücksichtslosigkeit erfolgte: die Eheleute wurden gezwungen, sich in Anwesenheit der Soldaten anzukleiden, die ihre Waffen auf sie gerichtet hielten.

Dieser verfrühte Start hätte die deutschen Pläne gründlich durchkreuzen können. Es hätte sich bloß herumsprechen müssen, wie dann am Morgen danach, als sich die Aktion im großen anbahnte und sofort die Kunde in der ganzen Stadt umlief, was Freunden und sogar Polizeikommissaren erlaubte, eine Reihe von Betroffenen zu warnen, zumindest diejenigen, die man telephonisch erreichen konnte. Wäre ein solcher Hinweis am Abend zuvor eingetroffen, er hätte mehr als die Hälfte der jüdischen Wohnungen leergefegt.

Doch die Festnahme der Sternbergs blieb geheim, obgleich sie in einem Hotel stattfand; das Geschwätz der Kellner und des Nachtportiers reichte nicht aus, um sie publik zu machen, ja nicht einmal die Polizei, heißt es, soll etwas gewußt haben; so konnten am Morgen danach die Deutschen planmäßig vorgehen, mit bewährter Gründlichkeit und uneingeschränktem Erfolg.

Treten wir nun in ein Haus im Ghetto, in der Via Sant'Ambrogio. Von dort werden wir der Razzia durch alle Phasen folgen können. Gegen fünf Uhr (psychologischer Zeit, wie gesagt) hört Frau Laurina S. auf der Straße ihren Namen rufen. Es ist eine Nichte: »Tante, geh fort! Die Deutschen nehmen alle mit!«

Das Mädchen hatte kurz zuvor, als es sein Haus in der Via della Reginella verließ, gesehen, wie eine Familie mit sechs Kindern, das älteste zehn Jahre, abgeführt wurde. Frau S. tritt ans Fenster. Rechts und links von der Haustür sieht sie zwei mit Gewehr (oder Maschinenpistole, sie kennt sich da nicht so aus) bewaffnete Deutsche. Jetzt wird man sich wohl fragen, wie ihre Nichte in Anwesenheit zweier Deutscher von der Straße rufen konnte, und dazu so deutliche Worte (die Gasse ist beängstigend schmal, eine Art Schlauch). Wir wollen daran erinnern, daß die Deutschen im allgemeinen keine Passanten auf der Straße festnahmen; außerhalb der Wohnung wurde nur gefaßt, wer es in seinem Unglück so wollte. Man darf auch nicht glauben, die Tragödie habe sich in einer Atmosphäre sprachlosen Staunens und stillen Ernstes abgespielt: die Leute unterhielten sich immer noch, tauschten Mitteilungen und Grüße aus, lauthals wie jeden Tag. Das Unheil verrichtete sein Werk ohne Einhaltung des Zeremoniells, ohne Beachtung belangloser Formen. Die Tragödie mischte sich mit so erschreckender Natürlichkeit unter das Leben, daß sie im ersten Moment nicht einmal dem Befremden Raum gab.

Zuerst vermutete Frau S., wie alle anderen auch, die Deutschen wollten die Männer zum Arbeitsdienst holen. Dieser Gedanke, der wahrscheinlich vorsätzlich ausgestreut wurde, war der Ruin vieler Familien, die nicht dafür sorgten, daß die Alten, Frauen und Kinder in Sicherheit gebracht wurden. Jedenfalls sammelt Frau S. im Vertrauen auf die vermeintliche Immunität der Frauen neuen Mut, zieht sich so gut wie möglich an, nimmt Lebensmittelkarten und Einkaufstasche zur Hand und geht dann die Treppen hinunter, um herauszufinden, was Sache ist.

Einige Tage zuvor ist sie gestürzt, und jetzt humpelt sie mit einem Gipsbein daher.

Unten angelangt, geht sie auf die beiden wachhabenden Deutschen zu, bietet ihnen eine Zigarette an, und sie greifen zu. Der eine mochte vielleicht fünfundzwanzig Jahre alt sein, der andere wirkte wie vierzig.

Da in jedem Bericht einer Gefangenschaft ein guter Wärter vorkommt, sollen in dieser Razzia gutherzige SS-Leute vorkommen: diese zwei zum Beispiel. Die Sage, die später im Ghetto umging, will, daß es zwei Österreicher waren.

»Alle Juden weg...«, antwortet der ältere auf die Fragen der Frau. Diese klopft mit der flachen Hand gegen ihren Gips: »Bein gebrochen... Gehen mit Familie... Krankenhaus...«

»Ja, ja«, nickt der »Österreicher« und bedeutet ihr, sie solle gehen.

Während sie auf die Familie wartet, kommt Frau S. der Gedanke, sie könnte ihre Freundschaft mit den zwei Soldaten ausnützen, um vielleicht einige Nachbarn zu retten. Jetzt ruft auch sie von der Straße: »Sterina! Sterina!«

»Was denn?«, antwortet diese vom Fenster.

»Mach, daß du wegkommst, sie nehmen alle fest!«

»Augenblick, ich zieh' nur den Kleinen an und bin unten.«

Leider wurde ihr der Augenblick zum Verhängnis: Sterina wurde mitsamt dem Kleinen und ihrer ganzen Familie gefaßt.

Aus der Via del Portico di Ottavia hört man Jammern und dazwischen Schreie. Frau S. bleibt an der Ecke der Via Sant'Ambrogio zur Via del Portico stehen. Sie führen tatsächlich alle ab, ausnahmslos alle, es übersteigt jede Vorstellung. In der Straßenmitte ziehen in loser Reihe die festgenommenen Familien vorüber: ein SS-Mann an der Spitze und einer am Ende überwachen die kleinen Gruppen, halten sie annähernd in Reih und Glied, stoßen sie mit den Gewehrkolben vorwärts, obwohl sich ihr Widerstand auf Weinen, Seufzen, Flehen, verstörtes Fragen beschränkt.

Schon den Gesichtern und der Haltung dieser Juden ist mehr noch als Kummer eine tiefe Resignation anzusehen. Die grausige Überraschung scheint sie schon nicht mehr zu verwundern. Etwas in ihnen erinnert sich nie gekannter Vorväter, die mit dem gleichen müden Schritt, von Folterknechten wie diesen getrieben, in Exil und Knechtschaft, Marter und Feuertod gegangen waren. Die Mütter, manchmal auch die Väter, halten die Kleinen im Arm, die größeren an der Hand. In den Augen der Eltern suchen die Kinder Geborgenheit und Trost, die diese nicht mehr geben können, was noch viel schrecklicher ist, als Kindern, wenn sie um Brot bitten, sagen zu müssen: Ich habe keins. Im übrigen ist das nur eine Frage der Zeit; wenn man sie nicht vorher umbringt, kommt die Stunde auch dafür.

Manch einer drückt seinen Kindern einen Kuß auf: verstohlen, daß ihn die Deutschen nicht sehen, einen letzten Kuß an diesem Ort, der ihre Geburt, ihr erstes Lächeln gesehen hat. Und einige Väter haben die Hand auf das Haupt der Kinder gelegt, gerade so wie sie zu feierlichen Anlässen den Birchàd Choanim* über sie sprachen, der Segen erfleht für die Kinder Israels und Frieden verheißt: *Segne und beschütze dich der Herr...*

In der Reihe entdeckte Frau S. auch Tante Chele, eine beinah schwachsinnige Achtzigjährige: Mit hüpfenden Schrittchen müht

* Priestersegen

sie sich voran unter all den anderen, ohne zu verstehen, was ihr geschieht, und auf die Blicke der Umstehenden reagiert sie mit blödem, etwas eitlem Nicken und Lächeln; dann aber zuckt sie plötzlich erschreckt zusammen und murmelt Gebetsfetzen vor sich hin, wenn die Deutschen wieder zu brüllen beginnen.

Sie brüllten ohne jeden Grund, wahrscheinlich nur, um den Terror wachzuhalten und ihre Macht spüren zu lassen, damit keine Verzögerungen aufträten und alles schnell abgewickelt werden konnte. Noch eine Alte, sie ist fünfundachtzig Jahre, taub und krank. Und dann ein Gelähmter auf seinem Stuhl. Eine Frau mit einem Säugling im Arm knöpft ihre Bluse auf, holt die Brust hervor und zeigt dem Soldaten, daß sie keine Milch mehr hat für das Kind, doch dieser drückt ihr den Gewehrlauf in die Seite, damit sie weitergeht. Eine andere greift nach der Hand eines Deutschen und küßt sie unter Tränen, als wollte sie sein Mitleid erwecken, um wer weiß welch nichtige Gnade zu erbetteln, vielleicht auch nur, weil sie aus der Tiefe ihrer Erniedrigung dankbar ist, nicht schlimmer mißhandelt worden zu sein. Antwort wird ihr mit einem Stoß und einem gebrüllten Befehl.

Starr vor Entsetzen und ohnmächtig stehen am Straßenrand Passanten und schauen zu; aber dann sind die Deutschen dieses Publikums überdrüssig und fordern es mit Drohgebärden zum Weitergehen auf.

Ein junger Mann löst sich aus der Reihe; man hat ihm gestattet, einen Kaffee zu bestellen, natürlich unter Aufsicht eines SS-Manns, der jedoch nicht einwilligt, ihm dabei »Gesellschaft zu leisten«. Er schluckt geräuschvoll, die Tasse zittert in seinen Händen, auch die Knie schlottern ihm. Sein verstörter Blick gleitet über die Tische, wo er an Abenden, die noch ein Morgen kannten, gesessen und Karten gespielt hat. Mit einem müden, scheuen Lächeln fragt er den Cafetier: »Was haben sie mit uns vor?«

Diese bangen Worte zählen zu den wenigen, die uns jene bei ihrem Weggang hinterließen. In ihnen wird die Stimme eines Menschen laut, der für die Dauer eines Augenblicks zurück-

gekehrt ist in unser Leben, als er, durchaus lebendig, schon keinen
Anteil mehr an unserem Leben hatte und in ein neues Dasein
voller Dunkel und Schrecken eingetreten war. Aus ihnen geht
auch hervor, was anfangs diesen Unglücklichen durch den Sinn
gegangen sein mag: die verzweifelte Hoffnung, nicht verstanden
zu haben.

ANNA

Die Kolonnen werden vorangetrieben bis zum geschmacklosen
Haus der Altertümer und Schönen Künste, das sich an der Bie-
gung der Via del Portico gegenüber der Via Catalana befindet,
zwischen Sant'Angelo und dem Theater des Marcellus. Neben
dem Haus liegt ein paar Meter unter dem Straßenniveau eine
kleinere Ausgrabungszone mit antiken Ruinen. In diesem Graben
wurden die Juden gesammelt, um wohlgeordnet die Rückkehr der
drei, vier Lastkraftwagen abzuwarten, die zwischen dem Ghetto
und der ersten Etappe hin und her fuhren. Da es unaufhörlich
weiternieselte, waren die Lastautos mit dunklen oder sogar – wie
manche behaupten – schwarzen Zeltplanen bedeckt; ebenfalls
schwarz – behaupten dieselben – seien die Fahrzeuge gewesen.
Wahrscheinlich waren es aber Kummer und Bestürzung, die alles
schwarz färbten: In Wirklichkeit muß es sich um jene dumpfe,
schon ausreichend düstere Schlamm- und Bleifarbe gehandelt haben, die Uniformfarbe sozusagen der deutschen Kriegsfahrzeuge.

Die Nazis lieben das Theatralische und die schaurige,
unheilschwangere Atmosphäre der Nibelungen; doch hier zeigte
sich ihre Regieführung schon in den Dingen selbst. Übrigens war
sie völlig überflüssig, weil alles mit extremer Leichtigkeit vonstatten ging, ohne daß es einer besonderen Inszenierung oder gesuch-
ter Effekte bedurfte, um den Erfolg zu sichern.

An den Lastwagen wurde die rechte Seitenwand herunter-
geklappt, und dann begann der Ladevorgang. Zum Ansporn wurden die Kranken, Behinderten und Widerspenstigen angebrüllt,
beschimpft und gestoßen, ja, mit den Gewehrkolben traktiert.
Der Gelähmte wurde mitsamt Stuhl buchstäblich auf den Wagen

geschleudert, wie ein ausgedientes Möbel beim Umzug. Aus den Armen der Mütter gerissen, erfuhren die Kinder die Behandlung von Postpaketen beim Laden des Zustellautos. Und wieder setzten sich die Fahrzeuge in Bewegung, keiner kannte ihr Ziel; doch die regelmäßige Wiederkehr der immer gleichen Wagen ließ vermuten, daß es sich um keine allzu große Entfernung handelte. Und dies mochte in den Opfern der Razzia einen Hoffnungsschimmer wecken: Sie bringen uns nicht fort aus Rom, sie behalten uns zum Arbeiten hier.

Wir halten uns weiterhin an Frau S.; ihr Bericht, den sie zweifellos im Lauf dieser Monate oft wiederholt hat, ist sicher etwas aufbereitet und zeigt nun eine Ordnung in der Ereignisverknüpfung und Abfolge, wie sie die Realität vielleicht gar nicht aufwies; doch die von ihr genannten Personen – soweit sie befragt werden konnten – bestätigen die Korrektheit des Erzählten, die Richtigkeit der Details.

Als sie mit ihrer Familie an den Largo Argentina gelangt – das Rote Meer bereits im Rücken – erfährt Frau S., daß ein Verwandter aus Furcht vor den Wachtposten im Treppenhaus geblieben ist. (Leider ein häufiger Fall; aus Furcht wollten viele das Haus nicht verlassen und wurden gerade deshalb gefaßt.) Trotz dem Einspruch der Ihren beschließt Frau S. umzukehren und den Verwandten herauszuholen, wenn es noch nicht zu spät ist. Das mag nun als unsinnige Herausforderung des Schicksals erscheinen, als der Tropfen, der das Faß zum Überlaufen bringt; aber in manchen Menschen wird durch äußerste Gefahr ein Überschuß an Lebenskraft freigesetzt, der sie fast glauben läßt, unverwundbar zu sein. Zum Beispiel die freiwilligen Helfer zu Zeiten von Epidemien, die mit kecker, geradezu aufreizender Verachtung jede Vorsicht außer acht lassen, und dann kommen ausgerechnet sie heil davon, als könnte ihnen die Krankheit tatsächlich nichts anhaben.

Die zwei »Österreicher« stehen immer noch an der Tür. Ein Blick genügt Frau S., um sich zu vergewissern, daß der stillschweigende Schutzpakt immer noch gilt. Im Treppenhaus ruft sie nach dem Verwandten: »Resciúd*, Enrico!«

In diesem Augenblick kommen jedoch sieben Deutsche daher: Sie haben den Ruf gehört, und wenn sie ihn auch nicht verstehen, versetzt ihr Anführer für alle Fälle der S. eine Ohrfeige, die sie im Eingang der Länge nach hinschlagen läßt. Mit unverständlichen deutschen Worten und nur allzu klaren Drohungen mit dem Gewehrkolben zwingt er sie dann, ohne Hilfe aufzustehen. Zwei Männer vor sich, drei hinter sich, muß sie die Treppen hochsteigen. Die drei Türen auf dem Treppenabsatz sind fest versperrt (eine führt zur bereits leeren Wohnung der Familie S.).

Tragik, Heftigkeit und Zuspitzung des Geschehens, das sich auf diesem Treppenabsatz abspielen soll, könnten die Vorstellung eines angemessenen Schauplatzes aufkommen lassen, wie etwa bei Aischylos; was nicht der Wirklichkeit entspräche. Es handelt sich um eine winzige Fläche von nicht einmal zwei Quadratmetern, die eine spiralförmig sich hochwindende Treppe mit schmutzigen, abfallverkrusteten Steinstufen zwischen stockigen Mauern unterbricht. Eine Spelunke – wenn wir nicht wüßten, daß genau dieser Ort zum Leid bestimmt war, und wieviel Leid suchte ihn heim – wo die Trostlosigkeit von Not und Elend etwas Feindseliges, beinah Unheimliches hat. Alle Gerüche des Lebens haben sich in Mauern, Holz, Eisen, einfach überall festgesetzt, man möchte meinen, sogar im Glas der Luken. So oder ähnlich waren die Wohnstätten beschaffen, in denen die gefürchtetsten Feinde des Großen Reichs zumeist hausten.

Die Deutschen studierten eine maschinengeschriebene Liste. Unseligerweise hatten sich zwei Türen die absurde Eitelkeit eines Namensschilds gestattet. Und die Namen entsprachen denen auf der Liste.

* Mach, daß du fort kommst!

Die Deutschen klopften; als niemand öffnete, brachen sie die Türen auf.

Dahinter standen versteinert, als posierten sie für das grausig surrealste aller Familienporträts, die Bewohner mit stockendem Atem und hypnotisiertem Blick, in banger Erwartung des Kommenden.

Vor etwa einer Stunde war Alarm geschlagen worden: Doch in der Eile, zu beratschlagen, zu flüchten, Besitztümer zusammenzuraffen, im Hin und Her ohnmächtiger und widersprüchlicher Entscheidungen, hatte fast niemand die Zeit gefunden, sich anzukleiden. Die meisten waren noch im Nachthemd, mit einem hastig umgeworfenen alten Überzieher oder abgewetzten Gabardinemantel darüber.

Der Anführer geht auf sie zu. In der Hand hält er ein Kärtchen mit maschinengeschriebenem Text, den er auf deutsch verliest. Die Betroffenen verstehen nichts außer dem entschieden drohenden Ton. Jetzt bricht das Schluchzen der Frauen und Kinder los.

Frau S. hat lange genug auf die Liste gespäht, um sicher zu sein, daß ihr Name nicht darauf steht. Das gibt ihr Mut: als wollte sie sich für die Ohrfeige rächen, reißt sie dem Deutschen die Karte aus der Hand. Der Text ist zweisprachig. Und sie ist es nun, die ihn mit lauter Stimme den Nachbarn vorliest:

1. Sie werden zusammen mit Ihrer Familie und Ihrem Haushalt angehörigen Juden interniert.
2. Mitzunehmen sind:
    a) Lebensmittel für mindestens acht Tage;
    b) Lebensmittelkarte;
    c) Personalausweis;
    d) Gläser.
3. Mitgenommen werden kann:
    a) ein kleiner Handkoffer mit Kleidung und Wäsche, Decken usw.;
    b) Geld und Schmuck.

4. Die Wohnung bzw. das Haus ist abzusperren und der Schlüssel mitzunehmen.
5. Kranke – selbst schwere Fälle – können in keinem Fall zurückbleiben. Krankenstation im Lager vorhanden.
6. Zwanzig Minuten nach Vorzeigen dieser Karte muß die Familie abführbereit sein.

Zwanzig Minuten: nicht einmal Zeit zum Jammern. Weniger als zum Packen erforderlich ist. Die schönen Gläser bleiben besser zu Hause. Woher nur einen Handkoffer für jeden nehmen? Die Kinder wollen einen ganz für sich. Gebt doch Ruhe! Die Deutschen dürfen nicht merken, wo die Manhòd* versteckt waren. Schmuck ist ja keiner mehr im Haus, alles bei einem Nharèl**. Das Nötigste muß man sich in »Hebräisch« sagen, so gut oder schlecht man es kann – in diesem Jargon, der wie eine Gaunersprache wirkt und immer den Verdacht geweckt hat, die Juden schmiedeten Komplotte – wie soll man sonst schon vor den zwei Soldaten reden, die in der Wohnung die Vorbereitungen überwachen? Die Kinder klammern sich an die Röcke, fallen zur Last. Manches steckt eine Ohrfeige ein. Dem Nachwuchs gegenüber haben die Juden eine lockere Hand.

Die auf dem Treppenabsatz verbliebenen Soldaten treten an die S. heran und fragen, ob sie mit diesen Familien verwandt sei. Nein, sie ist keine Verwandte. Ob sie Jüdin sei. Sie ist keine Jüdin. Können Sie das beweisen? Die Frau holt ihren Schlüssel hervor und sperrt auf, zur Demonstration, daß sie hier wohnt, nicht bei den anderen, mit denen sie nichts gemein hat. Sie scheuchen sie hinein und heißen sie die Tür schließen.

Die zwanzig Minuten, die den Nachbarn gesetzt waren, sind fast verstrichen. Als die Deutschen zur Eile mahnen, beginnt wieder das Seufzen und Wehklagen.

* Geld
** Katholiken

Im Trubel der Vorbereitungen hatte man beinah vergessen, daß es Vorbereitungen zum Abtransport waren. Die S. hält es nicht länger aus, sie tritt vor die Tür. Die Deutschen machen Anstalten, sie zurückzujagen; sie aber zeigt wieder ihr Gipsbein vor, sie muß ins Krankenhaus. Irgendeiner bedeutet ihr, daß sie gehen kann, daß sie schleunigst verschwinden soll.

In dem Moment, als sie die ersten Stufen hinuntersteigt, stürzen vier Kinder aus den beiden benachbarten Wohnungen auf sie zu und klammern sich an ihre Arme, ihre Kleider: »Hilf uns, Laurina! Nimm uns mit!«

Eines der vier Kinder ist Ester P., zu diesem Zeitpunkt zwölf Jahre alt. Sie erzählt, daß sie jene Nacht bei der Tante geschlafen hatte, weil sie früh am nächsten Morgen »um Tabak anstehen« mußte, und sie sich fürchtete, im Dunkeln allein aus dem Haus zu gehen. Kaum hatten sie und die Tante einen Fuß vor das Haus gesetzt, da sahen sie, daß an allen Straßenecken deutsche Wachen standen. Sie machten sofort kehrt: Die Tante (auch sie!) dachte, die Deutschen seien gekommen, die Männer abzuholen, also wollte sie ihrem Mann das Geld geben, damit er flüchte. Wären sie unbeirrt ihres Wegs gegangen, so wären wenigst sie beide entkommen; jetzt aber saßen auch sie in der Falle, denn kurz darauf waren die sieben Deutschen erschienen.

Als das Mädchen begriff, daß es nicht weg konnte, war seine größte Sorge, der Vater könnte zornig werden, wenn es nicht nach Hause kam. Auch die Tante riet ihm, während sie zwischen Schrank und Truhe hin und her lief, um ihre Sachen zu packen: »Lauf davon, Kind, geh nach Hause, sonst schimpft nachher dein Vater mit mir.«

Die Vorstellung, geschimpft zu werden und vor allem dieses *nachher* sprechen Bände. In ihrem Denken existierte immer noch ein Nachher im Leben von vorher, mit denselben Gewohnheiten wie vorher. (Und doch ließ der Kartentext keinen Zweifel.) Gewiß gab es Leute mit klarerem Verstand, die sofort erkannten, was auf dem Spiel stand. Aber denen von der Piazza Giudía, zumindest den meisten, erging es nicht anders, als brächten sie einen Verwandten zum Arzt, und der stellt eine hoffnungslose Diagnose. Dann sagen sie den Namen der Krankheit immmer wieder vor sich hin, tauschen ihre Gedanken darüber aus, werden damit vertraut, fast wie mit den Namen der vielen Krankheiten, die sie bereits kennen, die in ihrer Familie bereits vorgekommen sind. Erst später begreifen sie, was hinter dem Namen steckt.

Die S. drückte die Kinder an sich und sagte, es seien ihre. Die Deutschen ließen sie gewähren. Auf der Straße laufen die Kleinen schnellstens davon. Frau S. macht ein paar Schritte und bricht ohnmächtig zusammen. Einige Arier nehmen sich ihrer an und bringen sie ins Café am Ponte Garibaldi.

Es mag einen verwundern, daß diese Frau, die sich so verwegen in die Razzia stürzte und kaum eine Gelegenheit versäumte, sich in Gefahr zu bringen, nicht als Jüdin erkannt und ebenfalls festgenommen wurde. Wie es auch verwundern mag, daß die Deutschen so großzügig waren, ihr die vier Kinder zu lassen. Sie richteten sich, wie gesagt, vor allem nach ihren Listen. Und manch einer wird versucht sein hinzuzufügen, daß es den Deutschen im allgemeinen an Intelligenz und Phantasie mangelt: Sie führen Befehle aus, ohne mitzudenken.

Dem wäre entgegenzuhalten, daß die Grausamkeit auf ihre Weise immer gewitzt oder zumindest mißtrauisch und wachsam ist. Jedenfalls hat man den Eindruck, daß die SS-Leute – so abgehärtet sie längst waren – den Einsatz an jenem Morgen eher mit professioneller Akkuratesse und handwerklicher Präzision absolvierten, als angestachelt von verbissenem Eifer. Die Grobheit, die sie an den Tag legten, gehörte sozusagen zur Berufspraxis und steigerte sich, abgesehen von Ausnahmen, nicht bis zum individuellen Sadismus. Ist das Schwungrad erst in Gang gesetzt und schließlich selbst vom Räderwerk der Maschine erfaßt, beweist es zwar seine volle Kraft, indem es den Unglückseligen zermalmt, der sich im Getriebe verfängt; doch weicht es keinen Millimeter von der Stelle, um sich ein Opfer zu suchen.

Im großen und ganzen geriet also die Razzia an jenem Morgen nicht zur Judenhatz. Die berühmten wöchentlichen Zigarettenzuteilungen zum Beispiel wurden für dieses eine Mal zur Vorsehung: Viele Männer blieben verschont, weil sie beim Tabakhändler Schlange standen und kein Deutscher sich die Mühe machte, sie dort zu suchen. Mehrere bewahrte das Schicksal für die Fosse Ardeatine*. (Und viele andere wurden später, vor allem nach dem Februar 1944, von den Deutschen direkt, aber öfter noch von den Faschisten in Razzien oder einzeln festgenommen: Die meisten kamen in norditalienische Konzentrationslager – nach Modena und Verona –, bis sie schließlich im April nach Deutschland deportiert wurden.)

Im wesentlichen verhielten sich also die SS-Leute so, als lautete ihr Auftrag, nur eine bestimmte (wenn auch gewiß beträchtliche) Anzahl Juden abzuliefern. Und da diese Anzahl mühelos erreicht wurde, bestand wohl keine Notwendigkeit, es allzu genau zu nehmen oder besonderen Eifer zu entwickeln.

Aber es gibt auch Gegenbeispiele, die uns zeigen, daß die mutmaßliche Regel viele und gravierende Ausnahmen erfuhr; hätte jemand darauf gezählt, hätte sie sich als Illusion erwiesen, und hätte jemand fest darauf vertraut, wäre sie ihm zur Falle geworden. Wir tun unrecht, in der grausigsten Willkür nach einer Regel zu suchen.

Eine gewisse N. hatte sich ins Café geflüchtet. Plötzlich hört sie von der Straße laute, aufgeregte Stimmen. Ein junger Mann – der sich dann als »italienischer Journalist« auswies – verhandelte auf Deutsch mit einem SS-Mann, um ihm eine schwangere Frau aus der Reihe, die sich bereits auf den Lastwagen zubewegte, abzuringen.

* Dort wurden, als Antwort auf die 33 Opfer eines Attentats von Partisanen am 23. März 1944, 335 Geiseln erschossen, darunter 83 Juden.

Frau N. erkennt in ihr die eigene Schwester, von deren Schicksal sie bis dahin nichts wußte. Sie kann eine Geste traurigen Erschreckens nicht unterdrücken. Ein Deutscher bemerkt es, schließt auf Verwandtschaft, stürzt sich auf die N. und führt sie mitsamt dem Töchterlein an ihrer Seite ab.

Eine andere Frau glaubte sich bereits in Sicherheit: Ihr Ehemann war in seinem schlecht gewählten Versteck im Wasserkasten entdeckt worden; sie flüchtete mit den vier Kindern, von denen zwei an Diphterie erkrankt waren und hohes Fieber hatten, als sie, bereits am Ponte Garibaldi angelangt, auf einem vorüberfahrenden Lastwagen Verwandte erblickt und ihr ein Schrei entfährt. Die Deutschen fallen über sie her, nehmen sie mitsamt den Kindern fest. Ein Arier mischt sich ein und kann eines der Mädchen frei bekommen, indem er behauptet, es sei sein Kind. Aber die Göre heult los, sie will bei der Mama bleiben, und wird ebenfalls mitgenommen.

Mehrmals sind die berüchtigten Listen erwähnt worden. Auch sie waren von kaum vorstellbarer Beliebigkeit, mit gleichermaßen unerklärlichen Einschlüssen und Auslassungen. Wie und aufgrund welcher Angaben sie erstellt worden waren, hat noch niemand herausgefunden. Sicher ist jedoch auszuschließen, daß die Namen den Unterlagen entstammten, die aus dem Gemeindearchiv entwendet worden waren: diese enthielten Verzeichnisse von Beitragszahlern, während in den deutschen Listen hauptsächlich Familien aufgeführt waren, die nie einen Beitrag bezahlt hatten.

Manche behaupten, in den faschistischen Bezirksbüros hätten komplette Listen der »Einwohner jüdischer Rasse«, die in den Kompetenzbereich des Büros fielen, aufgelegen; aber diese Einrichtungen waren nach dem 25. Juli durch die Antifaschisten gestürmt worden; außerdem lassen die Lücken und Einschübe der deutschen Listen daran zweifeln, daß dies ihre Quelle gewesen sein soll. Dasselbe gilt für die Polizeikommissariate; auch sie besaßen solche Register, die in den Jahren faschistischer Herrschaft dazu dienten, die Juden zu schikanieren (Vorladungen *ad audiendum verbum*, Beschlagnahmung der Radioapparate, Kontrollen, ob jemand arisches Personal hielt, usw.)

Vielleicht haben sich die Deutschen auch an die Leitung der Abteilung Demographie und Rasse im Innenministerium gewandt? Dann fragt man sich jedoch: Warum hatte man nach dem 25. Juli, als die Rassenhetze endlich der Vergangenheit angehörte, nicht dafür gesorgt, daß solche Register und Karteien vernichtet wurden? Und wenn schon nicht nach dem 25. Juli, warum nicht wenigstens nach dem 8. September, wie es in anderen Ministerien mit anderen Dokumenten geschehen war?

Die Fahrlässigkeit vom Juli wird im September kriminelles Verschulden. In den Tagen vor der Razzia hatten sich die Deutschen lange in den Büros des Ernährungsamtes umgetan und unter dem Vorwand der bevorstehenden Ausgabe neuer Lebensmittelkarten in den Karteien gestöbert und Erhebungen vorgenommen. Sollten die Listen von dort stammen? Doch wer hat je auf den Lebensmittelkarten Anmerkungen zur Rassenzugehörigkeit gesehen. Die Deutschen hätten also langwierige, umständliche Vergleiche mit ihren Tabellen jüdischer Familiennamen anstellen müssen.

Der Verfasser dieses Berichts verbrachte den Vormittag des 16. Oktober in der Wohnung einer Nachbarin. Dieser entschlüpfte die Bemerkung, sie hätte das alles kommen sehen: ein Bekannter, der Angestellter am Standesamt war, hatte ihr wenige Tage zuvor anvertraut, sie steckten bis über die Ohren in Arbeit, wegen irgendwelcher Listen der jüdischen Einwohnerschaft, die es für die Deutschen zu erstellen galt.

Als wir im Juli des darauffolgenden Jahres nach Rom zurückkehrten, versuchte ich noch einmal, darauf zu sprechen zu kommen, aber umsonst: die Nachbarin fiel aus allen Wolken, erinnerte sich nicht, je eine solche Nachricht gehört, und erst recht nicht, sie weitergegeben zu haben.

Das trübe, feuchte Wetter hatte den ganzen Vormittag üb
halten, heiterte sich aber gegen elf Uhr für kurze Zeit auf.
cher Sonnenschein glänzte auf dem Pflaster des Portico di Ottavia, worüber seit Stunden jene armen, vielverspotteten Plattfüße
schlurften, schon müde und weh, bevor die Reise begann.

An den nun weit zurückliegenden Sabbaten drang solcher Son-
nenstrahl durch die Fenster der Synagoge und entzündete die Or-
gelpfeifen, die in ihrem goldensten Register erklangen. Und dann
ergoß sich dieser Strahl über die Gläubigen in jubelnden Harmo-
nien, im Taumel heiligen Entzückens. Die Kinder sangen: *Heilig,
heilig, heilig der Herr der Heerscharen, das ganze Erdreich ist seiner
Herrlichkeit voll.*

Aus der Tiefe des Grabens, wo sie darauf warten, deportiert
zu werden, erheben diese Kinder jetzt nur Klagen, und ihre Klagen
kennen keine Harmonie und steigen nicht wie Opferrauch zum
Himmel auf; von neuem tief verhangen, scheint dieser Himmel
alle Klagen abzuweisen und auf die Schultern der Betrübten zu-
rückfallen zu lassen. Wie viele Jahre müssen wohl vergehen, bevor
sie zum Gesang der Kinder im Feuerofen werden? Bevor der Herr
der Heerscharen die erhört, die wieder erfüllt sind vom Lob seiner
Herrlichkeit?

Die Razzia dauerte bis etwa 13 Uhr. Als alles vorbei war,
war auf den Straßen des Ghettos keine Menschenseele mehr zu sehen, es herrschte Öde wie in Jeremias Jerusalem: *quomodo sedet
sola civitas. . .* Ganz Rom war erschüttert.

In den anderen Vierteln war man bei der Säuberungsaktion
genauso wie im Ghetto vorgegangen, aber natürlich nicht so geschlossen. Die Stadt war in mehrere Sektoren aufgeteilt worden:
pro Sektor war ein Lastwagen im Einsatz, der jeweils an den auf-
gelisteten Adressen haltmachte. Frühmorgens, als die Haustüren
noch abgeschlossen waren, ließen sich die SS-Leute von italienischen Polizisten öffnen. Gewöhnlich blieb ein Unteroffizier
als Wache beim Wagen, während zwei Soldaten die Treppe hoch-
stiegen. Machte die Wohnung einen bürgerlich wohlhabenden

Eindruck, dann fragten die Soldaten als erstes nach dem Telephon und rissen die Drähte aus der Wand.

In Prati soll ein Arbeiter in einem Moment der Unaufmerksamkeit des wachhabenden Unteroffiziers auf den Lastwagen gesprungen sein, um mit Vollgas Wagen und Ladung zu entführen, welche letztere sich derart in unverhoffter Freiheit wiederfand. (Doch von diesen wundersam Geretteten haben wir niemand persönlich sprechen können.)

Die SS-Männer, die diese Razzia durchführten, gehörten einer Spezialeinheit an, die am Vorabend aus dem Norden eingetroffen war, ohne daß die in Rom stationierten deutschen Truppen davon Kenntnis hatten. Sie waren in der Stadt fremd, und es blieb ihnen auch keine Zeit, die Zone in Augenschein zu nehmen, wo sie operieren sollten. Das geht auch daraus hervor, daß eine der ins Ghetto abkommandierten Abteilungen auf der Via del Mare haltmachte und auf Passanten wartete – die dort zu dieser frühen Stunde selten waren – um nach der »Via della Raganella« zu fragen. (Sie meinten: Via della Reginella.)

Über ein Fahrzeug zu verfügen, wenn auch voll beladen mit verhafteten Juden, erschien manch einem dieser jungen Kerle als unverhoffte Gelegenheit für eine Rundfahrt durch die Stadt. So kam es, daß die Unglücklichen auf der Ladefläche, bevor sie das Sammellager erreichten, die unglaublichsten Irrfahrten erdulden mußten, so daß die Ungewißheit über ihr Schicksal ständig zunahm unter der Qual verschiedenster, doch gleich beklemmender Mutmaßungen bei jedem neuen Abbiegen.

Natürlich war das begehrteste Ziel jener Touristen der Petersplatz, auf dem viele der Lastwagen lange Zeit hielten. Während sich die Deutschen jedes *Wunderbar* einprägten, womit sie in der Heimat ihren Bericht für irgendeine Lili Marleen spicken würden, erhoben sich aus dem Innern der Fahrzeuge flehende Rufe an den Papst, er möge eingreifen, helfen. Dann fuhren die Lastwagen weiter, und diese letzte Hoffnung war zerronnen.

Die Juden wurden in die Kadettenanstalt gebracht. Die Lastwagen passierten das Tor und hielten vor dem Laubengang am anderen Ende. Die Entladung erfolgte mit derselben Schroffheit und Härte, mit der die Beladung vonstatten gegangen war. Den Neuankömmlingen wurde befohlen, in Dreierreihen anzutreten, in einigem Abstand zu gleichartigen Formationen, die bereits reglos dastanden unter der Aufsicht unzähliger bis an die Zähne bewaffneter deutscher Wachen. Zwischen den einzelnen Gruppen sah man einige Republikaner* patrouillieren, die den hochnäsigen Ingrimm von Kontrolleuren und eine Festtagsfreude wie an Kirmes zur Schau trugen.

Irgendwann begann man Gruppen zusammenzustellen, die – nach Männern und Frauen getrennt – in die Klassenräume der Anstalt eingewiesen wurden. Drinnen herrschte das Dunkel der Vorhölle, da die Läden fest geschlossen waren. Bis auf den Hof – wo der Andrang den Tag über anhielt – war das kummervolle Jammern und düstere Wehklagen zu hören, das diese Klassenräume erfüllte. Manchmal ließ ein drohender Befehl, auf Italienisch gebrüllt, eine plötzliche Stille entstehen, die fast noch bedrückender wirkte. Wenige Stunden hatten genügt, daß sich in den vollgepferchten Räumen ein vergifteter Atem staute, der wie der Pesthauch aller Gefängnisse und Verschlepptenlager war. Wachtposten und Aufseher verwehrten fast immer den Zutritt zum Abort.

Die Absicht, diese Personen zu demütigen, zu erniedrigen, zu willenlosen Menschenwracks fast ohne jede Selbstachtung zu machen, wurde sofort deutlich.

Vielleicht erwarteten die Deutschen keinen derart unbedingten Erfolg. Die Fülle an Haftmaterial überstieg ihre Voraussicht, zumindest nach dem Ort zu urteilen, den sie zur Sammlung bestimmt hatten und der sich recht bald als unzureichend erwies. So mußte man eine große Anzahl Personen im Laubengang unter-

---

* Anhänger der Italienischen Sozialrepublik, der von den Deutschen wiedereingesetzten Regierung unter Mussolini

bringen, da die Räume nicht mehr aufnehmen konnten. Die kräftigeren Männer, von denen Auflehnung zu befürchten war, mußten das Gesicht zur Wand kehren, was die bereits klassische Stellung war, die die Nazis seit den ersten Verfolgungen der Juden zu deren Demütigung und Einschüchterung erfunden hatten. Wenn ein Kind zu spielen wagte, forderten die Wachen von seiner Mutter, daß sie es ihm untersage, mit der üblichen Drohung, es sonst zu erschießen. Einige Strohmatten wurden ausgebreitet und Befehl gegeben, sich hinzulegen.

In der Nacht bekamen zwei Frauen die Wehen. Die italienischen Ärzte diagnostizierten in beiden Fällen schwierige Geburten, die Eingriffe erforderten. Die Klinik hätte für diese Frauen den Weg in die Freiheit bedeutet. Aber die Deutschen gestatteten ihren Transport nicht, und die beiden Neugeborenen erblickten die Welt im Dunkel des unseligen Kasernenhofs.

Welche Namen hat man diesen Erstgeborenen einer neuen babylonischen Gefangenschaft wohl gegeben? (Gerschom, *Wanderer in der Fremde*, hatte Moses den Sohn der Knechtschaft genannt, den Sippora ihm geboren hatte. Jedoch die beiden Kinder jener Nacht, die keinen Moses kannte, sie waren Wanderer auf dem geraden Weg zur Gaskammer.)

Man erwirkte indes die Erlaubnis, einen Jungen mit einem eiternden Abszeß im Krankenhaus zu operieren. Die Deutschen blieben jedoch bei dem chirurgischen Eingriff anwesend, und sobald er beendet war, nahmen sie den Jungen gleich wieder in Gewahrsam.

So verging die Nacht auf Sonntag, der ganze Sonntag und die Nacht auf Montag. In der Stadt und im Ghetto wußte man inzwischen, wohin die Unglücklichen gebracht worden waren. Die Verwandten gaben sich für arische Freunde aus und kamen an die Tore der Kadettenanstalt, lieferten Lebensmittel und Botschaften für die Gefangenen ab, erfuhren aber nie, ob diese Tröstungen ihr Ziel überhaupt erreicht hatten.

Mit Anbruch des Tages wurden am Montag die Opfer der Razzia in Zellenwagen geladen und zum Bahnhof von Roma-Tiburtina gebracht, wo sie in Viehwaggons verstaut den ganzen Vormittag auf einem toten Gleis zubrachten. Etwa zwanzig bewaffnete Deutsche verwehrten jedem den Zutritt.

Um 13.30 Uhr wurde der Zug dem Lokomotivführer Quirino Zazza übergeben. Nur wenig später erfuhr er, daß die Viehwaggons »unzählige Zivilisten enthielten, nach Geschlecht und Alter gemischt«, so wörtlich in seinem Bericht, »die sich *[ihm]* als der jüdischen Rasse zugehörig erwiesen«.

Der Zug setzte sich um 14 Uhr in Bewegung. Eine junge Frau aus Mailand, die zu ihren Verwandten nach Rom fuhr, erzählt, sie hätten in Fara Sabina (aber wohl eher in Orte) den »Güterzug« gekreuzt, aus dem erbarmenswürdiges Geschrei herüberdrang. Hinter dem Gitterfenster eines Waggons meinte sie das Gesicht eines verwandten Mädchens zu erkennen. Sie wollte nach ihm rufen, doch da erschien ein anderes Gesicht am Gitter und bedeutete ihr zu schweigen. Diese Aufforderung, sich zurückzuhalten und darauf zu verzichten, sie nochmals einzuschließen in die menschliche Gesellschaft, ist das letzte Lebenszeichen, das uns von jenen zugekommen ist.

In der Nähe von Orte traf der Zug auf ein Haltesignal und mußte etwa zehn Minuten warten. »Auf Ansuchen der beförderten Passagiere« – so wiederum der Wortlaut des Lokomotivführers – wurden mehrere Waggons entriegelt, »um denen, die austreten mußten, dazu Gelegenheit zu geben.« Es kam zu einigen Fluchtversuchen, die aber durch Schüsse vereitelt wurden.

Dann noch ein kurzer Halt in Chiusi, um den Leichnam einer alten Frau auszuladen, die auf der Fahrt gestorben war. In Florenz verläßt Zazza den Zug, ohne daß es ihm gelungen wäre, ein Wort mit einem derer zu wechseln, die unter seiner Mithilfe die erste Etappe in die Deportation zurückgelegt hatten. Nach dem Wechsel des Dienstpersonals ging die Fahrt weiter in Richtung Bologna.

Weder dem Vatikan, noch dem Roten Kreuz, der Schweiz oder den anderen neutralen Staaten gelang es, Informationen über die Deportierten zu erhalten. Man schätzt, daß es allein am 16. Oktober mehr als tausend waren, doch sicher ist die Zahl in Wirklichkeit noch höher, da viele Familien vollzählig deportiert wurden, ohne Spuren zu hinterlassen, noch Verwandte oder Freunde, die ihr Verschwinden hätten anzeigen können.

Acht Juden · Eine Polemik

Rom, 24. März 1944. Den italienischen Beamten liegt die sogenannte »erste Liste« für die Erschießungen in den *Fosse Ardeatine*
vor. Die Deutschen haben bereits zehn Geiseln verhaftet. »Ich
sagte zu Carretta, er solle zehn Namen streichen. Ganz unten
standen die Namen von acht Juden. Und wir dachten, sie seien im
letzten Moment angefügt worden, um die Zahl fünfzig vollzuma-
chen. Also strich sie Carretta, zusammen mit beliebigen zwei wei-
teren Namen.«

Den Zeitungsberichten zufolge sind das die Worte des Poli-
zeikommissars Raffaele Alianello, der eigens vom Internierungslager überstellt wurde, um vor dem Sondergericht zur Bestrafung
der faschistischen Verbrechen als Zeuge im Prozeß Caruso auszu-
sagen.

Es ist bekannt, daß das Beamtenhirn recht einfachen Me-
chanismen gehorcht. In der Ausübung seiner Funktionen kann
ein simpler Polizist jedoch, vor allem in den Augen der Opfer,
auch diabolisch schlau, tiefgründig und seelenkundig erscheinen:
Was für ein Feuerwerk zynischer Phantasie, was für höllische Er-
findungen, wieviel psychologisches Gespür und radiologischer
Scharfsinn, welch komödiantisches Talent im Wechsel vom Pa-
thos zur sardonischen Maske, von väterlich milder Jovialität zur
eiskalten Brutalität. Doch diese unselige Art Intelligenz ist ihm
nicht eigen, sie erwächst ihm aus einer zweifachen Ermächtigung:
einerseits von »unten«, insofern das Opfer seine geknebelte Intelligenz auf den Schergen projiziert und ganz ihm zuschreibt; es ist
die Psychose des Opfers, die in der Person des Schergen Gestalt
annimmt und dieser die eigenen kranken Phantasien, Alptraumvi-
sionen und Subtilitäten der Angst zum Geschenk macht.

Andererseits eine Ermächtigung von oben, insofern der Scherge sich subjektiv beseelt fühlt von einer Intelligenz, die doch nichts ist als Investitur, von einem unerreichbaren *Er* durch die Verästelungen der Macht bis auf ihn gekommen. Duckmäuserisch wagt man *Ihn* kaum anzudeuten, mit über die Schulter nach oben weisendem Daumen; seinen Namen wagt man kaum zu flüstern. Gläubig stützt sich der Handlanger der Macht auf seine Oberen, diese wiederum stützen sich gläubig auf ihre Oberen, und immer so fort bis zum obersten Oberen.

Und indem dieser König der Camera obscura, dieser Doktor Mabuse, auf dem Instanzenweg das klare Bild seiner selbst allmählich verblassen läßt, bewirkt er, daß man ihn für beinahe allmächtig, so unstrafbar wie ungestraft und fähig hält, Unstrafbarkeit zu garantieren. »Das ist die Kunst, sich nicht auslernen zu lassen«, erklärt der tyrannische Holofernes in Hebbels *Judith*, »ewig ein Geheimnis zu bleiben!« Diese Kunst ist die allgemeine Regel, auf der Terror und Tyrannis gründen.

Dies war auch in Deutschland zu beobachten, als die Nazis die Herrschaft übernahmen. Die Schar der Anhänger kopierte das markige Auftreten und das sonstige Gehabe der Bonzen, die ihrerseits Hitler kopierten, welcher vorgab, einen Plan zur wirtschaftlich-sozialen Erneuerung des Reichs in einer geheimnisvollen Schublade verschlossen zu halten. Rauschning hat uns enthüllt, daß die Schublade leer war. Am Grunde jeden Terrors und jeder Tyrannis findet sich diese leere Schublade. Aber die Intelligenz und Tüchtigkeit der Vollstrecker – der Spürsinn des Polizisten wie die Kühnheit des Soldaten – beruhen auf dem Glauben an sie.

Als die Schublade erst geöffnet und für leer befunden war, fiel auch Alianello in seine ursprüngliche Unbedeutendheit zurück. Und wahrscheinlich hat er sich gedacht: Nicht nur die Herren des Sondergerichts und die wenigen Gäste verfolgen den Prozeß meines Ex-Chefs Caruso, sondern die öffentliche Meinung ganz Italiens und in gewissem Sinn der ganzen Welt. Millionen Augen blicken auf uns! Ein Jammer nur, wie schlecht zur Zeit die

Geschäfte stehen: heute das Internierungslager und morgen wer weiß. Dann wollen wir mal vor all den Augen Wohlwollen finden und einen positiven Eindruck hinterlassen. Eine Gelegenheit wie diese bietet sich so schnell nicht wieder: jetzt bloß keine Zeit verlieren, beim ersten Schuß ins Schwarze treffen. Sofort, mit viel Geschick und unter der Hand muß der feste, eindeutige Beweis erbracht werden, daß, während die Bösen mit den »Nazifaschisten« kollaborierten, wir auf seiten der Guten waren. Im Grunde ist das ganze Problem recht einfach. Was gestern schwarz war, ist heute weiß, und umgekehrt.

Welches steckbriefliche Indiz des Faschismus war am bezeichnendsten? Was war sein Fingerabdruck? Ganz sicher die Verfolgung der Juden. Was folglich das unverwechselbarste Indiz des Antifaschismus? Die Unterstützung der Juden. Als die Faschisten das Sagen hatten, mißbilligten, ja mehr noch: bestraften sie Hilfsbereitschaft gegenüber Juden. Geben wir also zu verstehen, daß wir Hilfe geleistet, daß wir soviel Mut aufgebracht haben, und man zählt uns notwendig, mit Fug und Recht und ohne den Schatten eines Zweifels, zum Heer der Antifaschisten. Mach schon, mein Lieber, halte dich an die Juden. Alle Wege führen schließlich nach Rom, selbst die verschlungenen. Zeig, daß du deine Befugnisse zugunsten der Juden genutzt hast!

Ans Ende seiner stillen Überlegung gelangt, beginnt der Zeuge zu sprechen. Und nach seinem Schwur, die Wahrheit zu sagen, die volle Wahrheit und nichts als die Wahrheit, sagt er folgende Worte, ganz zu Recht darauf vertrauend, daß sie Denkwürdigkeit erlangen werden: »Aus der *ersten Liste* der Fosse Ardeatine habe ich sofort die Namen von acht Juden gestrichen.«

Insgeheim reibt sich Alianello die Hände: An die Wand gestellt, nein, gedrückt, hat er das Sondergericht, die Gäste, die öffentliche Meinung Italiens und der ganzen Welt.

Die dunkle Wolke der Verdächtigungen und Vorurteile, die ihn umschloß, löst sich nun auf in Dunst, färbt sich in sanfte

Rosatöne: wird eine jener Wolken, die Schwänen oder fliegenden Engeln gleichen.

Menschenleben zu retten, zumal das Leben von Unschuldigen, ist eine Tat, deren Wert kein späterer Fehler zu schmälern vermag. Gewiß aber wirkt die Aussage des Zeugen Alianello im Prozeß vom 20. September auf die Geste des Kommissars Alianello vom 24. März zurück, überlagert sie auf irritierend doppelsinnige Weise.

Betrachten wir diese Überlagerung aus einer jüdischen Perspektive: Das Gefühl, das sich einstellt, ist widersprüchlich, gemischt. Die Juden müssen sich vorkommen, als befänden sie sich an Bord der *Claymore*, jener Korvette, von der Victor Hugo in seinem Roman *Dreiundneunzig* erzählt. Ein Matrose hat sie durch seine Unachtsamkeit in Seenot gebracht. Durch übermenschlichen Mut und Einsatz seines Lebens rehabilitiert sich der Mann, rettet er das Schiff. Der Marquis de Lantenac zeichnet ihn für seine Tapferkeit aus und läßt ihn gleich darauf hinrichten.

Hätte es viele solcher Leute wie Alianello gegeben, ja, gäbe es sie heute. Hätte es mehr von ihnen hier in Rom gegeben, wo kein jüdisches Heim, keine jüdische Familie ist, in der man sich beim Wiedersehen nach diesen Monaten nicht scheute, nach den engsten Verwandten zu fragen. Schon allzu oft haben wir die Abwehr verschlossener, strenger Gesichter erfahren, die sich jeden Ausdruck des Schmerzes als überflüssig, als dem Geschehen unangemessen verbieten: Am Morgen jenes 16. Oktober abgeholt und deportiert. Nichts mehr von ihnen gehört.

Und noch in diesem *Nichts mehr gehört* steckt der Ansatz eines barmherzigen Euphemismus, der zage Schimmer einer Hoffnung, der die dunkelste Ahnung, Befürchtung, vielleicht Gewißheit Lügen zu strafen sucht. Hätte es Leute wie Alianello in Warschau und Lublin gegeben, auf den Bahnsteigen, von denen die Viehwaggons abfuhren – und heute noch abfahren, Züge, die keine Menschenfracht mehr transportieren, nur noch geschundenes Fleisch und Stöhnen und Klagen; und in den Städten, wo in irgendeiner vornehmen, etwas entlegenen Straße tumbe, taube, scheinbar ungenutzte Gebäude, Villen mit geschlossenen Fensterläden in ihren Kellern Folterkammern bergen. Hätte es sie gegeben, gäbe es sie heute dort, wo der Nationalsozialismus noch immer wütet! Gesegnet sollen sie sein, die Männer vom Schlag Alianellos – und ein Bösewicht, wer es wagt, nur um ein weniges den Dank zu schmälern, der ihnen gebührt.

Aber die Juden wollen ihr widersprüchliches Gefühl angesichts der Rechtfertigung Alianellos und anderer auch nicht auf die natürliche Reaktion dessen zurechtstutzen lassen, der nichtsahnend und ohne eigenes Zutun sich auf eine der zwei Karten reduziert sieht, und sei es die rettende – der Joker – des Doppelspiels. Was doch nur heißt, betrogen zu sein. . .

In erster Instanz mit großem Beifall aufgenommen, verliert das Doppelspiel von Tag zu Tag an Glanz. Unter anderem hat es den Fehler, klammheimlich die Manier der feigen Ambiguität, des doppelzüngig schlauen Gebarens, des Zwecks, der die Mittel heiligt, in die alten Ehren wiedereinsetzen zu wollen, ja mit der Aureole des Verdienstes um die Menschheit zu zieren. Und das zu einem Zeitpunkt, da alle jenes Macchiavells Mussolini überdrüssig sind. Endlich darf sich die Welt sauber fühlen, da tun die Helden des Doppelspiels ihr Bestes, sie an ihren Fundamenten, im Akt der Neugeburt selbst, eine Strategie entdecken zu lassen, die nur im Karussell der korrumpierend Korrupten erdacht sein konnte, deren Losung und Wahrzeichen das »Anschmieren« war.

Doch all das betrifft die Sitten generell, fällt unter den gemeinen Bürgersinn. Wir haben erklärt, wir wollten den Fall aus einer spezifisch jüdischen Perspektive betrachten. Entkräften wir also auch die zweite Hypothese: daß nur einem Aufflammen des unbeugsamen, sprichwörtlichen, jahrtausendealten semitischen Stolzes jenes Unbehagen zuzuschreiben sei, in der Schuld eines Alianello zu stehen, mit ihm vor die Schranken gezerrt zu werden, als Entlastungszeugen des Zeugen.

Seit einigen Jahrhunderten verfolgt die Juden eine schreckliche Figur, die um so gefährlicher ist, als sie, von einem Dichterfürsten zum Leben erweckt, von ihm die Gabe der Unsterblichkeit geerbt hat. In ihr sind alte und neue Anschuldigungen verdichtet, die antisemitischer Argwohn geboren hat: angefangen vom Ritualmord, wenn man so sagen darf, bis hin zur unersättlichen Habgier des Wucherers. Es ist die Figur Shylocks. (Der *Kaufmann von Venedig* wurde von einem gerissenen Theaterdirektor in den letzten Jahren des Faschismus wieder aufs Programm gesetzt.)

Allzu leicht wird vergessen, daß Shylock unter dem Stachel düpierter Vaterliebe, verletzten Familiensinns und -stolzes handelt. Er gilt nur als »der Jude«, als der jüdische Wucherer, der sich nicht erweichen läßt; der auf Vertrag und Forderung beharrt, aus der Brust seines Schuldners ein Pfund Fleisch zu schneiden.

Alle Bühnen der Welt haben Shylock unermüdlich dem gerechten Zorn des Publikums dargeboten, aus den Regalen aller Bibliotheken der Welt verbreitet sich die jahrhundertealte Anschuldigung täglich neu.

Welches Gefühl können die derart geschmähten Juden verspüren, wenn sie erkennen müssen, daß Shylock nicht nur eine Kränkung darstellt, sondern überdies einen bösen Schwindel: daß allzu oft gerade sie die Opfer immer neuer Verkörperungen Shylocks in unvorhersehbaren Variationen sind?

Jetzt, da ihnen in den befreiten Ländern das Licht wieder lächelt, jetzt, da sie sich jeden Morgen beim Erwachen fragen, ob die Luft, die sie atmen, wirklich und wahrhaftig die Luft dieser Welt ist, da tritt ein neuer Shylock auf und fordert mit dem Recht des Gläubigers zwar nicht ein Pfund Fleisch aus ihrer Brust, doch eine passive Komplizenschaft im Beweis seiner Unschuld und seiner unerschrockenen antifaschistischen Gesinnung. Wären sie zum Scherzen aufgelegt, die Juden würden sich fragen: Wer ist hier eigentlich der Jude?

Sicherlich wiegt der Fall Alianello nicht besonders schwer. Er ist jedoch symptomatisch. Und der noch nicht geheilten Empfindlichkeit der Juden offenbart er, daß der Antisemitismus längst nicht zu Ende ist. Die Verfolgung geht weiter. Wir kennen die Antwort darauf: Das ist krankhaft übersteigerte Sensibilität, die kuriert werden muß; das ist talmudistische Haarspalterei, korrosive Lust am Paradox – alte jüdische Krankheiten.

Wenn es sich tatsächlich um krankhafte Sensibilität handelte, im Zeichen einer wenig soziablen Geisteshaltung, würden wir alles zurücknehmen. Wenn es den Anschein talmudistischer Haarspalterei erwecken sollte, so halten wir dagegen, daß sicher nicht aus eitler Freude an der Kasuistik der Fall Alianello zum Vorwand genommen und kritisiert wird: er mag ein bloßer Vorwand sein, doch das zum Zweck, unsere Ansprüche darzulegen, den Sack *und* den Esel zu schlagen, denen, die von den Faschisten als *Arier* bezeichnet wurden, ins Gewissen zu reden – und uns selbst. Daß es schließlich paradox sei, verneinen wir entschieden, und werden es zu beweisen versuchen.

Der Fall, der sich Kommissar Alianello und seinem Kollegen darbot, war folgender: eine Liste mit sechzig Namen, davon zehn in der Überzahl. Zehn Personen also, die zu retten waren: ganz legal sozusagen, streng nach Diktat, zwar ohne großen Ruhm, doch ohne Risiko. Jene sechzig waren alle gleichermaßen unschuldig. In solchen Fällen läßt man das Los entscheiden: so die obligate Regel, die bei allen Bränden, Schiffbrüchen, Überschwemmungen und sonstigen Katastrophen sofort nach dem grundsätzlichen *Zuerst die Frauen und Kinder* zur Anwendung kommt.

Auch Alianello ist einmal Kind gewesen: Es mag uns heute unmöglich erscheinen, aber auch er muß auf den Wiesen der Kindheit umhergetollt und gespielt haben. Und er wird wie alle anderen Kinder den alten Abzählreim vom Boot, das in Seenot kam, gesungen haben. Auf diesem Boot wird durch ein Stroh-halm-Orakel bestimmt, wer überleben soll. Hat er am Nachmittag des 24. März sich nicht daran erinnert? Aber gewiß: denn nachdem er und sein Kollege vorsichtshalber die acht Juden ausgestrichen hatten, wählten sie beliebige zwei weitere Namen (so wörtlich der Zeuge).

Warum diese Bevorzugung der Juden? Warum acht von zehn Plätzen aussondern? Die Ungerechtigkeit war für alle gleich. Und man sage bloß nicht, die anderen hätten unter konkreten Anschuldigungen gestanden, ihr Schicksal wäre auch ohne diese Repressalie bereits entschieden und besiegelt gewesen.

Erstens: Wenn zwei Namen dem Zufall überlassen wurden, konnten auch die anderen acht dem Zufall überlassen werden. Zweitens: Auf den Juden lastete die »Rassen*schuld*«, womit unter den Nazis nicht zu scherzen war.

Aber in den Augen Alianellos mußten die Juden als die unschuldigeren Unschuldigen erscheinen. Nicht umsonst entgegnete seit Jahren die Propaganda der freien Menschen auf die Ausrottungspropaganda der Faschisten, die Rassendiskriminierung sei die äußerste Schmach, das abscheuliche Kennzeichen für die reaktionäre Diktatur. Das von den Juden erlittene Unrecht sei als erstes zu vergelten, ja, die Wiedergutmachung an den Juden müsse gleichsam das Symbol der Befreiung, der Wiedereinsetzung der Völker in ihre Rechte sein.

Leute von der Art Alianellos – Kleinbürger, zumeist leichtgläubig, beeindruckbar, anmaßend, reizbar und auffahrend, mit einem Abschluß in Jurisprudenz und genügend kultiviert, um sich für mündig zu halten, doch längst nicht genügend, um es zu sein – diese Leute sind formbarer Ton. Sie sind die glühenden Neophyten jeder Reklamebotschaft, die Katechumenen des Slogans. Als Alianello vorrangig die Juden rettete, mit einem Auge auf zukünftige Honorierung, unterlag er einer Parole, wie jemand, der die meist lancierte Zahnpasta kauft und sich davon weißere Zähne verspricht.

Hätte er wenigstens gesagt: Das Los traf acht Juden. Aber nein, er unterstrich seine Voreingenommenheit. Befangen wie eh und je. Eine Wiedergutmachungskampagne in Umkehrung einer Zerstörungskampagne: doch immer eine Kampagne. Unter den Nazis fühlten und fühlen sich die Juden als Objekt, im Nominativ, im Akkusativ eines Slogans zum Tod: Die Juden sind schuld, vernichten wir die Juden. Unter den Menschen, die den Weg zu neuer Freiheit beschreiten, fühlen sie sich wiederum, in bedenklicher Parallele, als Akkusative eines Slogans der Wohltätigkeit: Retten wir die Juden, entschädigen wir die Juden. Nominative oder Akkusative: Fälle also, wie die Grammatik lehrt. Was ihnen Sorge und Unbehagen bereitet, ist genau dies: ein Fall zu bleiben, der ewige, hoffnungslose jüdische Fall. Im Slogan sind sie wie im Ghetto eingesperrt. Auch wenn das Ganze zufällig der Arche Noahs gleicht. Worin man sie kunterbunt zusammenwürfelt ohne

Rücksicht auf Unrecht oder Verdienst, menschliche Fehler oder Größe; ohne ihretwegen den Begriff – nicht gleich des Individuums – aber doch wenigstens des Menschen zu bemühen.

Verfolgt, geächtet, ermordet – nicht etwa für ihre Ideen oder ihr Verhalten, sondern als Teil eines kollektiven Wesens, der Rasse – werden sie, wenn die Stunde der Rettung kommt, auch von ihren Wohltätern den anderen Menschen nicht gleichgestellt, mit denen sie Gefahr oder Chance verbindet; man rettet sie vielmehr en bloc, Vertreter einer *Rasse*, als solche namenlos, nicht weiter identifiziert: Partikel der Kasusangabe.

Das Herz denkt anders, wie man weiß, als der Verstand und will nicht einmal recht behalten. So fordern unglücklich Liebende, wenn schon nicht Liebe, wenigstens Haß. Das Ziel lauterer, begründeter Empfindung zu sein, ist der einzige Weg des Herzens, sich lebendig zu fühlen; darin allein liegt, wenn man so will, seine Würde.

Haßte Mussolini die Juden? Wir wissen nur, daß er sie 1938 gegen ein engeres Bündnis mit Hitler eintauschte, sich ihrer als Zahlungsmittel bediente, und daß er sie mit vorgeschobenem Kinn skandierte, wie immer die Pointen seiner Reden. Da betrieb er diplomatische Demagogie.

Liebt Alianello die Juden? Wir wissen, daß er sie im Prozeß Caruso gegen eine tadellos weiße politische Weste eintauschte: Gegenstand antifaschistischer Demagogie.

Wie sie sich bei Mussolini nicht als Objekt eines wahrhaft leidenschaftlichen, tiefen, aufrichtigen Hasses fühlten, so haben die Juden vom hilfsbereiten Kommissar keine wahrhaft mitfühlende, barmherzige und, nennen wir es beim Namen, christliche Liebe erfahren.

Ja, was wollen sie denn, diese Juden? Gehaßt werden? Sehnen sie sich nach Greueln zur Beglaubigung der Verfolgung?

Heutzutage gestatten sie sich den Luxus eines solchen Masochismus? Sie brauchen sich nur an die Deutschen zu wenden! Doch auch hier: Sieht man ab von Hitlers Hysterie, von alten und neuen Winkelzügen des herkömmlichen deutschen Antisemitismus, so zeigt sich sofort – und Trotzky wies seit 1933 darauf hin –, daß Hitler, der dem deutschen Proletariat den Klassenkampf versagen mußte, ihm zum Ausgleich den Rassenhaß schenkte. Die Juden waren der erste »Ersatz« im großen Reich der Ersatzmittel. Sie waren Gegenstand sozialer Demagogie.

Wahrscheinlich ist unter den erniedrigenden Berufen der des Sandwichmanns einer der erniedrigendsten. Die armen Teufel tragen auf bombastischen, marktschreierischen und oft albernen Plakaten die Werbung für Produkte spazieren, die nicht für sie gedacht sind und die sie meist gar nicht kennen. In den Ländern, wo die Juden schärfere Verfolgung leiden und gezwungen werden, auf der Straße gelbe Sterne, Armbinden oder sonstige Erkennungszeichen zu tragen, haben sie vielleicht wie Sandwichmänner empfunden. Tatsächlich dienten auch sie der Werbung für eine demagogische Idee, der sie fremd waren. Mit dem einen Unterschied, daß der Sandwichmann seinen Lebensunterhalt verdient und die Juden den Tod.

Wir wissen, was Krankheitsträger sind. Eines Tages kommt der Kinderarzt ins Haus, nimmt einen Abstrich vom Rachen eurer Kinder und teilt nach vierundzwanzig Stunden telephonisch mit, man habe bei der Untersuchung den Diphteriebazillus festgestellt. Zum Glück geht es den Kindern gut. Im Überschwang der Gesundheit entzünden sie sich an der Vorstellung der Flecken im Hals, der 40 Grad Fieber, der Impfung. Unsichtbar spielt die Diphterie im Kinderzimmer Bäumchen wechsel dich. Die Kinder werden indes für infiziert erklärt und in Quarantäne gesteckt. Sie überschütten euch mit Fragen, verstehen nicht, wie man krank sein kann, wenn man doch gesund ist. Mehr oder weniger unerwartet wurden auch die Juden zu Krankheitsträgern erklärt. Und sie forschten vergeblich nach dem Bazillus, den sie angeblich in sich trugen, vergeblich suchten sie in der Runde, um festzustellen, wen sie angesteckt hätten.

Die *andern* in ihrer Umgebung sprühten vor Gesundheit. Die *andern* fühlten sich so stark, daß die Lust sie packte, dreinzuschlagen, sich in den extravagantesten Vergnügungen zu verausgaben. Tatsächlich führten sie bald darauf Krieg. Da man sich der Verfolgung nicht entziehen konnte, versuchten die Juden wenigstens, die Ursachen zu finden und ihren Verfolgern recht zu geben; es wäre ein Weg gewesen, sich die Qual zu erleichtern, hätte man zumindest ihre Notwendigkeit erkannt. Beim besten Willen gelang es ihnen nicht.

Was war das Übel, was ihr Vergehen, was machte sie zur öffentlichen Gefahr? Die Verfolgungen der Vergangenheit lassen sich noch begreifen, gleichsam als lokale Kriege: Zu jenen Zeiten bildeten die Juden volens nolens eine Zelle für sich, einen geschlossenen Kern, ein spezifisches Sozialkonglomerat, so daß es ein leichtes war, sie den andern entgegenzusetzen. Ähnlich wie die Zigeunersippe, die am Rande der Stadt lagert, forderten sie durch die Seltsamkeit und Andersartigkeit der Sitten heraus, reizten durch eben jene Eigenart und Isoliertheit, zu der man sie gezwungen hatte – um ihnen mit Knüppeln und Edikten den Kampf anzusagen.

Doch dieses Mal? Da galt es, die Gruppe der »Juden« erst theoretisch und synthetisch wiederherzustellen; danach die Individuen darin zu sammeln, indem man sie der Individualität und ihrer Lebenswelt beraubte, aller Gewohnheiten, Tätigkeiten und Geschäfte, allen praktischen und geistigen Austauschs, und sie samt Wurzel ausriß, ungeachtet der schlimmen Wunden, die nicht nur die Ausgemerzten davontrugen, sondern auch der Boden, in dem sie fußten. Die Abstraktion eines solchen Projekts ersieht man unter anderem aus dem Arbeitsaufwand, dessen die Realisierung bedurfte: dürre Statistik, meldepolizeiliche Erfassung, Volkszählung, Formulare, Erklärungen, Register, Vordrucke, Kästchen, Spalten. Noch einmal: nicht eine Gruppe von Menschen wurde hier isoliert; man fabrizierte ein grammatikalisches Element für einen höchst werbewirksamen Satz.

In Parenthese: Worin das Judentum des einzelnen Juden besteht, ist eine Frage, der nicht so leicht auf den Grund zu kommen ist. Jedenfalls handelt es sich um eine Angelegenheit größter Intimität. Ich will nicht leugnen, daß man sich im Inneren, dem Wesen nach, zutiefst als Jude fühlen kann; aber dies ist Sache des privaten Gefühls im Bannkreis der Diskretion; es berührt also nicht das soziale Verhalten des Menschen, unterscheidet es nicht von dem der andern – und um so weniger begründet es einen Gegensatz. (Wer spitzfindig sein wollte, könnte allenfalls anführen, daß ein Unterschied in der Bemühung liegt, sich nicht zu unterscheiden, was bisweilen ein recht undankbares Vorhaben sein mag; beleidigend ist es aber eher für den, der dazu gezwungen ist, als für den, der gewissermaßen dazu herausgefordert hat; und keinesfalls bewirkt es, daß die Ordnung der Welt gestört würde.)

Sich als Jude zu fühlen heißt vielleicht – in Stunden der vertraulichsten Einkehr, so innig wie wortlos – einen alten Singsang aufsteigen zu fühlen aus der Tiefe der Kinderzeit, abgelauscht der trägen Monotonie schwüler Abende im Schein müder Kerzen und deren Spiel auf dem Barett des Chasan, der einsam im Almenor stand; und über diesen Singsang neigt sich die Seele in schweifender Suche nach der verlorenen Zeit: traurige Szenen zeitlosen Leids, das Brennen ungetrockneter Tränen, das wehmütige Zittern eines Lächelns, grüßende Schatten der Vorhölle, Umarmungen unbekannter Vorväter, und ein Geheimnis unsagbarer Schwermut, endloses Niedersinken an unsichtbaren Klagemauern. Ach, der Gedanke steigt nicht mehr auf goldenen Schwingen, läßt sich nicht mehr nieder auf sonnigen Hügeln. An den Wassern zu Babel unter den Weiden wird der ewig Wandernde seinen Weg vielleicht finden, die alten Fußstapfen und ein tradiertes Zeichen, um hinabzusteigen ins Reich der Mütter, den Schattenmund zu befragen. Und darin darf man eine persönliche Gleichsetzung von Mensch und Natur, von Mensch und Gott erkennen, niemals eine persönliche Gleichsetzung von Mensch und Gesellschaft, von Mensch und Zeitgeschichte.

Übrigens war es das nicht, was den Juden zur Last gelegt werden konnte. Und die Juden fragten sich weiterhin, was und wo ihre Schuld sei.

Ein freimütiger und überaus menschlicher Schriftsteller hat die Ungeheuerlichkeit der Rassengesetze gebrandmarkt mit dem Hinweis, sie straften »nicht die verantwortlichen Handlungen von Menschen, sondern *das Verbrechen, geboren zu sein*«. Und wer dieses Verbrechen tatsächlich mit dem Tode sühnte, ist nicht zurückgekehrt, um uns zu sagen, ob er seine Schuld in der Stunde der Hinrichtung schließlich begriffen hätte. Fest steht nur, daß die Verfolger die Gaskammern und die grausamsten Tötungsweisen zu erfinden wußten, die einen qualvollen Tod sterben lassen, mit verzerrten Gesichtern, mit schreiend und fluchend aufgerissenen Mündern; die den Tod seiner übernatürlichen Kompensationen oder wenigstens der Verheißung von Frieden und Stille berauben, der versöhnlichen Visionen von Vorhöllen oder Elysien, auf grünem Rasen unter blauem Himmel.

Schweißtriefend und fröstelnd in grausigem Todeskampf, mit schrecklicherem Schaudern als dem Ersticken selbst, entweihten diese Unglückseligen vielleicht die fernen Gemächer, in denen sich die Liebe ihrer Eltern erfüllt hatte: verhängnisvolle Verbindungen, die im Schoß der Mütter den Samen zu elenden Mißgeburten niederlegen sollten, die sich jetzt in der Qual dieser Todeskammern wanden. Und der Pesthauch des Giftgases mag die Frühlinge vergiftet haben, in denen die Väter und Mütter ihren ersten verliebten Blick gewechselt hatten. Einen Augenblick lang konnte sich ein Schuldgefühl einstellen, im Rückblick auf die Väter. Es war eine Verwünschung, die aus der Pein geboren war. Den Juden diese Verwünschung abgerungen zu haben, ist die Leistung der Nazis.

Friede unseren Toten. Doch die Lebenden, die damals den Grund der Verfolgung nicht begriffen, müssen sich heute über ihre gesellschaftliche Begnadigung Sorgen machen. Die Augen zudrücken, Ausnahmen schaffen zugunsten der Juden, das ist keine Art, das Angetane wiedergutzumachen. Wiedergutmachung würde bedeuten, die Juden ins Leben der anderen, in den Verein menschlicher Schicksale wieder zu integrieren, und gerade nicht, sie davon fernzuhalten, sei es auch aus lauter wohlwollenden Gründen.

Dies ist nur die Kehrseite der Verfolgung, die gleiche Psychologie und Moral, aus der die Verfolgung kam. Wenn zuvor in den Juden *der Jude* bestraft wurde, so kann einen heute angesichts der einfach verkehrten Lage ein Zweifel befallen, ob nicht in den Juden *dem Juden* verziehen wird. Und Vergebung zieht den Gedanken von Schuld und Verfehlung nach sich. Und wiederum laufen die Juden Gefahr, sich auf die quälende, endlose, herabsetzende Suche nach einem Grund begeben zu müssen. Außerdem sei die Frage gestattet: Handelt es sich um Vergebung oder Amnestie? Und wie lange wird sie dauern?

Die Pflüger des Vulkans

Wir kehrten bei strömendem Regen aus Neapel zurück, hoch oben auf einem Lastwagen voller Nüsse. Ein seltsamer Mensch war mit uns aufgestiegen: ein Drei-Tage-Bart, das Äußere eines Flüchtlings oder Ausgebrochenen, doch verrieten die abgenutzten Kleider noch den bürgerlichen Schnitt, und bürgerlich waren Gesicht, Ausdruck, einfach alles. Bis vor ein paar Jahren mußten ihn alle im Haus den »jungen Herrn« genannt haben. Der ehemalige junge Herr warf eine Tasche, wie sie Rechtsanwälte tragen, auf die anderen Koffer. Eine lange Rolle ragte heraus.

»Thunfischeier«, verkündete er, und hörte nicht auf, sich darum zu sorgen, »um Himmels willen, die darf ich nicht verlieren, sonst bin ich ruiniert.«

Ein Anfänger im Schwarzhandel, dachten wir; vielleicht ein Jurist, den die Zeitläufte zu diesem Handwerk zwingen. Leutselig fragte er alle Reisegefährten nach Namen, Familienstand, Adresse, ob ihre Kinder Mädchen oder Knaben seien: gleichsam um ihre Freundschaft herauszufordern und in diesem Ansatz von Freundschaft Schutz zu finden, er, der so verwirrt und unerfahren war. Naiv, fast ergreifend. Später, an einer Straßensperre, erfuhren wir, daß der Naive ein junger Polizeibeamter war, der von einem Kurzurlaub im heimatlichen Palermo zurückkehrte. Plötzliche Verwandlung des ganzen Menschen.

Es hilft alles nichts, *So ist es, wenn es euch so scheint* bleibt eine großartige psychologische Einsicht: und Sizilien hört nicht auf, seinem Pirandello recht zu geben. Demnach war das scheinbar unverfängliche Spiel der Erkundigungen, Fragen und Nachforschungen von seiten dieser Person, die so sehr nach einem Autor suchte, nichts als Training für zukünftige Verhöre, freiwillige

Vorschule der Kunst, dem Nächsten die Würmer aus der Nase zu ziehen, Fingerübungen über fünf Noten für die Zeit, wenn er hinter dem monumentalen Clavicembalo seines Quästorenschreibtisches sitzend die virtuosesten Einleitungen, die kunstfertigsten Begleitungen würde ausführen müssen, um *den Vogel zum Singen* zu bringen. Außerdem studierte der Mann in unseren Gesichtern, fast so, als wären sie Spiegel, die Wirkung seiner Mimik, einer bestimmten Art schiefen Blicks, wie über die Gläser einer nicht vorhandenen Brille hinweg – ein nachsichtiger Blick, zugleich mild und anklagend, der zu sagen schien: Schütte dein Herz aus, wozu voreinander Versteck spielen?

Als ich an die Reihe kam und ihm ohne Umschweife meinen Namen nannte, durchzuckte ein triumphierendes Lächeln diesen jungen, leidenschaftlichen Dominikaner der polizeilichen Inquisition, diesen zukünftigen Wiederbevölkerer der Kerker Italiens. Nicht anders, als wenn an Sonnentagen seiner Karriere die unbedachte Antwort eines Unglücksraben ihm erlauben wird, blitzschnell eine ansonsten umständliche Kette von Mutmaßungen zu schließen, eine langwierige Untersuchung unversehens mit einem Coup zu beenden; im Zeugen einen Täter zu entdecken, plötzlich die träge Masse der Indizien zur überzeugenden Anklage zu bündeln. Er stieß hervor: »Debenedetti? Jude?!«

Und sofort durchbohrte mich der professionelle Blick über nicht vorhandene Brillengläser hinweg, von unten nach oben den Wimpernbogen kreuzend, konzentrierte ein wildes Gewirr von Hintergedanken, Folgerungen einer unfreiwilligen und gleichsam abgewehrten Mitwisserschaft und widerwilliger Nachsicht: Ah, diesmal bist du davongekommen – rief dieser Blick – aber das verdankst du allein der Amnestie. Geh, alter Fuchs, und probier es nicht wieder, den Geruch des Freigängers nimmt dir nicht einmal der liebe Gott.

Es erschiene uns boshaft hinzuzufügen, daß in diesem Blick eine Nuance von Wehmut mitschwang: Hätten wir dich vor ein paar Monaten so in flagranti ertappt!

Es widerspricht dem Empfinden und leuchtet nicht ein, daß der Widerruf eines Befehls ipso facto ein Widerruf der ausführenden Gewohnheit sein soll. Der neue Befehl muß reifen, um neue Ordnung zu werden. Es verlangt ja niemand, daß die Welt, dieselbe Welt, die in sieben Tagen erschaffen wurde, sich in einer Stunde verwandele. Wie sollte man sonst glauben, daß ihr nicht eine weitere Stunde, wann auch immer, genügte, um ins Schlimmste zurückzufallen?

Der Ausruf und Blick unseres Polizisten verrieten die Mühe, sich an eine andere Sichtweise anzupassen; die Notwendigkeit eines wenn auch raschen Manövers, um die Richtung zu wechseln. Wir haben den Verdacht, die neue Sichtweise werde wie ein Befehl *von oben* aufgefaßt, das heißt ihrem Wesen nach widerrufbar, von Notwendigkeiten des Augenblicks diktiert: *in Anbetracht...*

Der Verdacht lautet, unser Polizist richte sich nach den Kriterien von heute mit der Mentalität von gestern, er behalte jene allmächtige, unerbittliche und dunkle Gottheit im Auge, in deren Namen man gestern Beamte, Journalisten, Männer von hohem wie niedrigem Rang auszeichnete oder torpedierte: die sogenannte »politische Sensibilität«. Tagesbefehl: den Juden Entgegenkommen erweisen.

Doch wer wie die Juden nach Freiheit dürstet, so sehr, daß dieser Durst sich nicht vom Gaumen spülen läßt: wer einmal begriffen hat, daß die Freiheit buchstäblich eine Frage auf Leben und Tod ist, wird durchaus einräumen, daß zu allen Freiheiten, die *die Freiheit* bilden, auch jene zählt, Antisemit zu sein. Ein Antisemitismus freier Menschen, ein liberaler Antisemitismus (sofern darin kein Widerspruch liegt), gegen den es gestattet wäre, wirksame Argumente und sachlichen Einspruch ins Feld zu führen, erschiene den Juden, die eben aus der Starre des Stillhaltens und Stillschweigens erwachen, sogar belebend, stärkend, erneuernd. Öffentlich zu diskutieren, sich zu messen und sich selber anzunehmen als Menschen unter Menschen, Menschen im Austausch mit Menschen, käme ihnen geradezu unwirklich vor, ihnen, die bis gestern gezwungen waren, sich zu verstecken, Reaktionen und Widerworte zu unterdrücken, ihren Status zu ändern; denen sogar untersagt war, den eigenen Namen zu nennen, sich als Kinder ihres Vaters zu bekennen.

Benedetto Croce hat die Rezension des Buchs von Wendell L. Willkie *One World* zum Anlaß genommen, »ein fundamentales Bedürfnis des Menschen« hervorzuheben, »nämlich zu leiden und zu arbeiten«. Hier, auf dieser Seite des Kriegs, wird den Juden nach mehreren Jahren wieder ein Bedürfnis nach Arbeit zugestanden. Entsprechend erwacht in ihnen das Bedürfnis zu leiden. Haben sie denn noch nicht genug gelitten? Sicher, sie haben gelitten, die Welt weiß wie sehr, und jenseits der Befreiungsfront leiden sie immer noch, und derart, daß dieser unser Anspruch auf Leiden wie Hohn, Herausforderung des Schicksals, unsinnige Provokation erscheinen mag. Doch genau besehen heißt unser Anspruch nur, weder besondere Ansprüche zu stellen noch eingeräumt zu bekommen. Das Recht, keine Sonderrechte zu haben aufgrund der Rasse.

Wenn die Juden eine Forderung zu stellen haben, dann allein diese: daß ihre Ermordeten und Verhungerten, ihre Kinder, die den ersten Schluck Milch im Asyl nach langen Monaten der Auszehrung nicht verkrafteten, ihre mißhandelten Frauen, die wie Vögel abgeschossenen Säuglinge eingereiht würden unter alle anderen Toten, alle anderen Blutzeugen dieses Kriegs. Soldaten der Freiheit auch sie.

Ihre Uniform war das Alltagskleid, nur in all den Unbilden zerrissen, über den dürren Leibern schlotternd. Manche trugen auch Waffen: die Kinder, die Stoffpuppen und Blechflinten an ihre Brust drückten, Spielzeug, das unwürdig war, den Nachwuchs der Deutschen zu unterhalten. So marschierten sie an ihre Fronten: es waren Orte der Folter und Pein. Und wo sie landeten, waren die Gestade des Jenseits. Vornüber zusammengebrochen,

schauten ihre Gesichter – von den Verfassern diverser Rassenhetz-
schriften photographiert und auf den Titelblättern gemeiner Ga-
zetten ausgestellt – schauten aus Augen, die keine Hand schloß,
nicht den weiten, hohen Himmel. Diese Soldaten fordern, daß an
ihre Massengräber zugleich mit den Schlachtfeldern dieses Kriegs
erinnert wird. Sie fordern, daß beim Appell der Toten ihre Namen
mit denen der anderen Soldaten, die in diesem Befreiungskrieg
gefallen sind, verlesen werden. Ohne jedes Mehr an Ehre, das gegen eben die Gerechtigkeit verstieße, für die sie starben – die Brü-
derlichkeit des Todes – und das ihnen selbst gewissermaßen Ab-
bruch täte.

Auch ohne jedes Mehr an Mitgefühl – Mitgefühl für die armen Juden –, das ihren Opfertod entwürdigte.

Und wollte man diesen Gefallenen eine Auszeichnung verleihen, weisen wir überlebende Juden sie gewiß nicht zurück; doch
dann sollen keine besonderen Medaillen geprägt, keine speziellen
Urkunden gedruckt werden: sie sollen wie die der anderen Soldaten sein. *Soldat Cohn... Soldat Levi... Soldat Abramovic... Soldat
Chaim Blumenthal, gefallen im Alter von fünf Jahren in Leopoli in-
mitten der Familie, als er noch mit gebundenen Händen für die
Sache der Freiheit zeugte und kämpfte.*

Diese Begründungen werden wir unverdient Überleben-
den unter Ehrenbezeugungen anhören, und wir werden versuchen, ohne Zittern die entgegengestreckte Hand zu schütteln,
unsere Stimme wird sich mühen, fest zu bleiben, wenn wir ant-
worten: *Danke, Herr General.* Dann treten wir in die endlosen
schweigenden Reihen zurück, in denen die Angehörigen aller Gefallenen, die Trauernden der ganzen Welt versammelt sind.

Das Bedürfnis zu leiden, von dem Croce spricht, ist nichts anderes
als das Bedürfnis, sich als lebendiger Bestandteil des allgemeinen
Lebens zu fühlen, teilzuhaben an Kampf und Streit, Arbeit und
Alltag in dieser Welt. In dem Moment, da sich dieselbe Welt zum
Idyll verwandelte, würde sie eine Welt der lebenden Toten.

Deshalb fordern die Juden das Recht zu leiden: Das heißt, sie verlangen, nicht um diesen ihren Anteil am Menschenerbe betrogen zu werden, auch nicht im Namen der Wiedergutmachung oder Entschädigung. Durch viele Jahrhunderte bewahrten, wiederholten, psalmodierten sie im Halbdunkel der Synagogen, an Festtagen und am Sabbat, in Buß- und Fastenzeiten, in der Diaspora, im Ghetto, die Botschaft des Alten Bundes. Wie hätten sie vergessen sollen, daß die Idee des Brotes, nämlich des Ursprungs und Fortgangs von Leben, unlösbar verbunden ist mit der Idee der Arbeit im Schweiße des Angesichts? Sie wollen kein Paradies auf Erden im Verstoß gegen die Ordnung.

Dies um so weniger, als man sich allzu leicht an Privilegien und Vorteile gewöhnt. Wohlergehen macht oberflächlich, fördert die entschädigenden Schwächen der Erinnerung. Der Kummer von gestern ist schnell vergessen, auch und vor allem wenn es ein besonders bitterer und quälender war, und vergessen ist, wieviel Trauer und Sorgen das Gute gekostet hat, das heute als Geschenk erscheint, um uns vergessen zu helfen. Man gewöhnt sich an die Liebe, ans leichte Leben; und bald droht die Gewohnheit Verlangen zu werden, und das erworbene Verlangen die Anmaßung eines Rechts zu zeugen. Was wir befürchten, kann als trotzige, widerspenstige, argwöhnische, unbezähmbare Angst, geliebt zu werden, erscheinen. Und ist doch nur die Angst, grundlos, zu Unrecht, also falsch geliebt zu werden: ohne Notwendigkeit, uns diese Liebe zu verdienen. Doch morgen müssen wir unausweichlich wieder beginnen, sie zu verdienen: Was dann? Sind wir nicht zu verwöhnt?

Zwar haben sich die Juden in der letzten Zeit wahrlich nicht als Opfer allzu freigebiger Begünstigung fühlen müssen, als Zielscheiben im Schießstand des Wohlwollens. Doch wir handeln von einer Möglichkeit, wofür wir einen Anhaltspunkt erkannt oder erahnt haben. Und eben dies befreit unsere Rede von jedem Vorwurf des Undanks. Welche Rede, wie gesagt, den Sack schlägt und den Esel meint.

Wie unbehaglich fühlten wir uns zum Beispiel, als jemand lachend, doch ohne böse Absicht, nur aus Lust an einem Zeugnis menschlicher Psychologie, uns von Leuten berichtete, die bei der Ankunft der Befreiungsarmeen aus ihren Verstecken kamen und gleich zur Begrüßung sich als Juden auswiesen, als wäre dies ein Anrecht auf besondere Vergünstigung, Entschädigung. Und vielleicht waren es dieselben Leute, die unter den unpassendsten Regenschirmen Zuflucht gesucht hatten, solange sich das Unwetter entlud, und sich am eifrigsten bemüht hatten, jeden Verdacht der falschen Rassenzugehörigkeit zu entkräften.

An einem Abend in der Zeit der dunkelsten Wolken stellte sich Bernardo Berenson das ewige Problem: Warum bleiben die Juden Juden, trotz immer wiederkehrender Verfolgung? Er antwortete mit einer Erinnerung aus Sizilien. In besseren Zeiten bewunderte er auf einem Ausflug zu den Abhängen des Ätna die Fruchtbarkeit dieses gelobten Landes. Man sagte ihm jedoch, daß diese Felder durch herabfließende Lava immer wieder eingeäschert würden. »Und warum bestellt ihr sie dann?« fragte er die Bauern. »Weil sie, wenn alles wieder zur Ruhe kommt, so gut tragen, Exzellenz, daß sie jedes Unheil wettmachen.« Dies erklärt, so der Kommentar des großen Schriftstellers, die vergleichbare Beharrlichkeit der Juden in der Kunst zu überleben.

An jenem trüben Abend erfüllte die Anekdote den gewünschten Zweck: der darin bestand, uns zu trösten, an die Rückkehr besserer Zeiten glauben zu lassen, wieder ins Leben zu integrieren, indem wir wenigstens den Pflügern des Vulkans verglichen wurden. Aber Berenson wird es uns nicht verübeln, wenn uns jetzt, nach Rückzug der Lava, seine Geschichte etwas weniger gefällt. Wir möchten einwenden, daß die Juden sich nicht unter das Joch der mageren Jahre beugen, in Erwartung der neuen sieben fetten Jahre. Gewiß, sie sind Menschen, und auch sie lieben Sicherheit und Wohlstand, womöglich auch Glück. Die mageren Kühe mißfallen auch ihnen. Aber es ist nicht wahr, es darf nicht wahr sein, daß sie als Ausgleich übermäßig dicke Kühe fordern. Wenigstens aus Anstand, aus Sinn für Gerechtigkeit, aus ihrem menschlichen amor fati, der Bejahung von Wagnis und Fügung. Weder zu mager, noch zu dick sollen sie sein. Gerade richtig.

Editorische Notiz

»16 ottobre 1943« wurde im November 1944 geschrieben, noch im selben Jahr im Dezemberheft der römischen Zeitschrift *Mercurio* erstmals veröffentlicht und Anfang 1945 in der *Libera Stampa* in Lugano nachgedruckt. 1945 erschien in Rom auch in hoher Auflage die erste Buchausgabe (OET). 1947 druckte J.-P. Sartre eine französische Übersetzung in *Les Temps Modernes*. Der deutschen Übersetzung liegt die Ausgabe im Verlag Il Saggiatore von 1959 (2. Aufl. 1961; Biblioteca delle Silerchie, vol. XXI) zugrunde.

»Otto ebrei« wurde im September 1944 geschrieben, während des Prozesses gegen den römischen Polizeipräsidenten in der Zeit der deutschen Besetzung, Caruso, und erschien im selben Jahr als Broschüre bei Edizione Atlantica in Rom. Der deutschen Übersetzung liegt die Il Saggiatore-Ausgabe von 1961 zugrunde.

Das Vorwort von Alberto Moravia wurde der Ausgabe von Editori Riuniti, Rom 1978, entnommen. Wir danken dem Verlag für die Genehmigung.

78

Alle Rechte vorbehalten. Erschienen 1993 bei
Das Arsenal. Verlag für Kultur und Politik GmbH,
10589 Berlin-Charlottenburg.
Gesetzt von FotosatzWerkstatt Tempelhofer Ufer 21 GmbH, Berlin
Reproarbeiten von Manfred R. Spönemann, Graphisches Atelier, Berlin
Druck und Buchbindearbeit Druckerei Harald Rauscher oHG, Berlin

Inhalt

Vorwort
von Alberto Moravia   7
Am 16. Oktober 1943   13
Acht Juden
    Die Korvette »Claymore«   55
    Das Ghetto und die Arche Noahs   62
    Die Pflüger des Vulkans   70
Editorische Notiz   78